COLLECTION DIPLOMATIE ET STRATEGIE

DIRIGEE PAR EMMANU
Chargé de Mission au Centre d'Etudes
Professeur affilié à l'ESCEM et
Avocat au Barrea

MICHEL MEYER

LA NOUVELLE DIPLOMATIE COMMERCIALE BRESILIENNE

LULA : DANSE AVEC LE SUD

SOMMAIRE

PREFACE PAR EMMANUEL CAULIER

Principal marché d'Amérique latine, le Brésil dispose de ressources naturelles abondantes. Bien qu'une dette publique lourde se conjugue avec une vulnérabilité forte à un retournement du cycle des matières premières, son économie est prometteuse : elle se caractérise par sa diversification et des produits manufacturés qui constituent une importante part de ses exportations. Le besoin de financement extérieur demeure élevé, mais les potentialités du marché intérieur et le faible coût du travail sont des attraits pour les investisseurs étrangers.

Aussi la marge de manœuvre du pouvoir s'avère t'elle étroite.

Mais aussitôt arrivé au palais du *Planalto* de Brasilia, le Président Lula a été érigé en symbole.

Capable de créer une alternance politique de l'homme pauvre, réussissant à prendre une ascendance politique, il s'est découvert être un acteur mobile, imaginatif, consolidant en quelques mois le statut de la puissance brésilienne. Sa politique monétaire placée très vite sous le signe de la rigueur et dictée par des visées à long terme, s'est avérée prudente et pragmatique. Jouant avec la persistance de la récession et du chômage, négociant avec les critiques au sein de l'appareil d'état, au sein du parti sur le choix des priorités macro-économiques, avec l'impatience croissante de sa base sociale, il doit faire face aujourd'hui à la tourmente de scandales financiers.

Le Président occupe un terrain diplomatique inédit. Il conserve un lien privilégié avec la puissance voisine majeure des USA, tout en faisant grandir l'identité internationale de son pays. Proactive, interventionniste dans les pays sud américains, sa politique de *mudança* (changement) consiste à tisser des liens complexes avec des partenaires de plus en plus divers, pour élargir ses marges de manœuvre et créer ainsi la surprise. Fort d'une expérience de gestion de conflits sociaux, on le voit partout. A Davos mais aussi en Argentine, à Washington, en Europe, en Afrique, au Moyen-Orient.

Il réussit à dégager des espaces d'autonomie sans rupture avec les centres de pouvoirs dominants qu'ils soient européens ou nord-américains. Sa stratégie mise en place par négociation et compromis positifs est créatrice de nouveaux rapports de force. Sa dynamique diplomatique, son ambition de leadership en Amérique du Sud, s'affirme par la démultiplication extérieure, la constitution d'un réseau d'amitiés et d'intérêts.

Il impose une présence internationale du Brésil plus visible qu'elle ne l'a jamais été. En 2003, il désamorce la crise vénézuélienne en favorisant la constitution d'un groupe d'amis de ce pays. Il pousse à la création d'une industrie militaire nationale. Se dotant d'un porte-aéronefs, la marine brésilienne acquiert sous son impulsion une vocation planétaire.

A Cancun par son initiative du groupe des 22 (résistant au bloc des pays riches), il obtient des USA qu'ils modifient leurs plans sur la ZLEA, préservant sa capacité de mise en œuvre de ses propres politiques industrielles.

La forêt de gratte-ciels de São Paulo trahit dans la pierre le dynamisme économique qui en résulte : 5ème Etat du monde par sa superficie de quasi-continent, le Brésil se classe 1er pour l'exportation de sucre et tient sa place parmi les 10 premières puissances industrielles du monde.

La victoire de l'*Itamaraty* serait complète si un siège lui était donné au Conseil de Sécurité. Le ralliement de Tony Blair au sommet sur la gouvernance progressiste, celui de Dominique de Villepin, l'avis favorable de la Russie, de l'Inde, de l'Afrique du Sud, de l'Allemagne, des pays Andins, de la communauté des pays de langue portugaise (CPLP) et de l'Espagne sont dans cette perspective des indicateurs positifs.

Ainsi, l'année 2005 n'est pas en France l'année du Brésil par hasard. Sujet central de l'actualité internationale, l'importance d'un tel pays mérite fort justement l'analyse que nous donne ici Monsieur Michel MEYER. Directeur Général de TotalFinaElf Brésil pendant de nombreuses années, Vice Président des Conseillers du Commerce Extérieur du Brésil et de la Chambre de Commerce França-Brasil, il s'impose comme un des meilleurs spécialistes actuels du sujet.

Ingénieur Géophysicien et Géologue, Monsieur MEYER connaît et le terrain et la dimension technique des problèmes. Diplômé de Paris-Dauphine en "Développement Durable et Organisations" et du Centre d'Etudes Diplomatiques et Stratégiques de Paris, il y ajoute la conscience des problèmes humains et des réalités politiques.

Son activité professionnelle se prolonge aujourd'hui au service de l'ONG brésilienne Pro-Natura qui travaille à de grands projets au Mato Grosso et en Amazonie tout en promouvant le développement durable dans les communautés rurales.

Son avis n'est donc pas neutre: il nous apporte un document à la fois précis, engagé et prospectif.

Parce que, comme le soulignait Roger Mucchielli, l'aventure humaine est une création continue, les axes historiques de la diplomatie commerciale brésilienne sont pour l'auteur un moyen de saisir avec acuité l'action développée aujourd'hui par le Président Lula.

Ce travail se classe dès lors parmi les travaux de référence pour qui veut comprendre le Brésil de 2006.

Les hommes d'affaires et les investisseurs, les politiques et les chercheurs y trouveront un document indispensable, permettant de saisir la complexité d'un environnement éclairé ici avec talent.

Emmanuel CAULIER
Chargé de mission du Centre d'Etudes Diplomatiques et Stratégiques
Professeur affilié à l'ESCEM
Chargé de cours à HEC
Avocat au Barreau de Paris

Figure 1: Carte du Brésil

(Source : encyclopédie Britannica)

Figure 2: Le Brésil, 10ème exportateur mondial

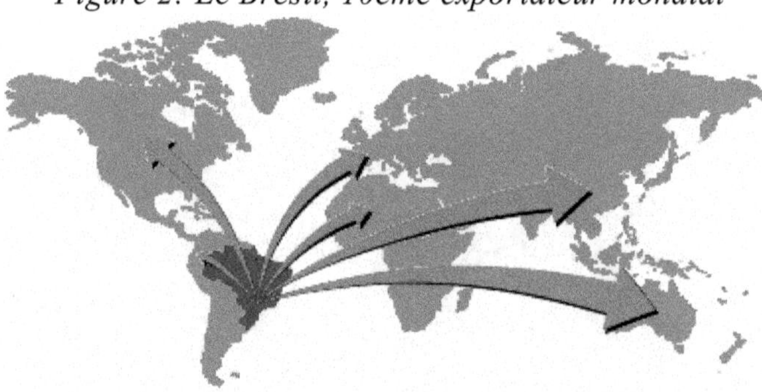

(Source : MDIC[1], Brasilia)

---

[1] Ministère brésilien du Développement, de l'Industrie et du Commerce.

INTRODUCTION

Etat-continent fort de ses 8 514 215 kilomètres carrés (16 fois la France, 5e rang mondial) et de ses 180 millions d'habitants (5e population mondiale en 2004, croissance de la population de 1,6%/an), le Brésil est devenu, depuis la dernière décennie, la dixième économie mondiale (PNB : US$ 450 milliards en 2002).

Traditionnellement gros producteur et exportateur de nombreux produits agricoles (café, sucre, cacao, jus d'orange,...) pour lesquels il détient les premières places mondiales, le Brésil ne s'est réellement industrialisé qu'à partir des deux décennies de régimes militaires (1964-1984).

Jusqu'en 1980, le pays a connu un taux de croissance élevé de 5% à 6% qui lui a permis de créer une base industrielle solide. Ce développement s'est produit dans un cadre étatique fermé et protégé en suivant le modèle dit de « substitution ».

A partir de 1994, avec les deux mandats du président Fernando Henrique Cardoso, père du « plan réal » (nouvelle monnaie avec une parité liée au dollar), le Brésil réalise des réformes structurelles qui lui permettent graduellement d'ouvrir son économie et d'assouplir les nombreux monopoles publics. Ces réformes libérales, qui ont combiné privatisation des services et d'une partie des entreprises publiques, ont également permis de moderniser le pays et d'attirer des montants élevés de capitaux étrangers (23 milliards de dollars en 2001) tout en ouvrant progressivement l'économie. En parallèle, des réformes constitutionnelles en matière économique (télécommunications, pétrole,...) ont été votées durant cette période. Pour faire face aux contrecoups des crises financières extérieures (asiatique, russe), le Brésil a dû dévaluer son réal de 50% (janvier 1999) puis l'a laissé « flotter ».

L'économie brésilienne reste structurellement très sensible aux crises financières et cette fragilité handicape encore son développement en ce début de 21e siècle. En 2002, les incertitudes entourant l'issue de l'élection présidentielle (et surtout la peur des places financières nord-américaines de l'arrivée au pouvoir probable du candidat de gauche Lula), combiné à la faillite de l'Argentine, ont à nouveau amené au Brésil une période de longs mois d'instabilité financière. Cependant les « fondamentaux » de l'économie restaient sains. C'est pourquoi le FMI a accordé au Brésil un prêt record de 30 milliards de dollars en août 2002 pour l'aider à sortir de cette nouvelle crise financière.

Luis Inacio Lula da Silva, dit Lula, élu président, a immédiatement donné de nombreux gages de saine gestion, ce qui fut une heureuse surprise pour les marchés financiers internationaux. Il a déclaré dès sa prise de fonction qu'il respecterait tous les engagements pris par le pays, notamment en matière de contrôle de l'inflation et d'excédent primaire du budget de l'Etat. Il a su aussi s'entourer d'une équipe compétente qui a gagné l'estime des analystes financiers étrangers. La confiance est revenue en quelques mois début 2003. Depuis, le commerce extérieur brésilien soutient activement l'activité économique et le dynamisme des exportations est solide : l'excédent commercial a atteint 25 milliards de dollars à la fin de l'année 2003, alors qu'il n'était que de 13 en 2002 et de 2,6 en 2001. Le déficit de la balance courante a fait place à un excédent de 0,8% du PIB en 2003. Dès son arrivée au pouvoir, le président Lula a fait connaître sa ferme volonté de travailler en priorité à la consolidation du Mercosur[1], en étroite coopération avec les nouvellement élus présidents argentin[2] et uruguayen[3]. En 2003, les flux commerciaux entre le Brésil et la région (le « cône sud ») ont déjà augmenté de 26%. Ainsi se concrétisent, avec cette volonté politique partagée et la récupération de l'économie argentine, les efforts de relance du Mercosur, accompagnés de grandes avancées concernant le renforcement des institutions communes. Un important programme de travail 2004-2006 vise à approfondir l'intégration. D'autre part plusieurs pays voisins sont devenus « membres associés » du Mercosur comme le Chili[4] et la Bolivie en 1996, et enfin le Pérou en 2004.

Il apparaît très clairement avec le président Lula -volonté affirmée avec force dans chacun de ses discours à l'occasion de ses nombreux déplacements à l'étranger au cours de ces deux premières années de mandat- que le Brésil aspire plus que jamais à jouer sur la scène internationale un rôle qui soit à la mesure de son poids économique réel et de son influence dans les équilibres mondiaux. En témoigne sa demande pressante d'un siège de

---

[1] Intégration régionale créée en 1991 et en vigueur depuis 1995 entre le Brésil, l'Argentine, l'Uruguay et le Paraguay. Ses objectifs sont la libre circulation des biens, des capitaux et des personnes d'une part ; l'élimination des barrières douanières et l'établissement d'un tarif extérieur commun d'autre part ; l'adoption de positions communes dans les grandes négociations internationales enfin.

[2] Nestor Kirchner, président de gauche, semble réussir à sortir l'Argentine de sa profonde crise, sans toujours se plier aux exigences du FMI.

[3] Le 31 octobre 2004, l'Uruguay a élu pour la première fois de son histoire (Indépendance en 1825) un président de gauche, Tabaré Vasquez, 64ans, maire socialiste de la capitale Montevideo depuis 1989.

[4] Le président du Chili, Ricardo Lagos, est aussi de gauche.

membre permanent au Conseil de Sécurité de l'ONU[1] et sa volonté d'entrer à l'OCDE. En témoigne aussi l'activisme militant du président Lula à Davos, sa campagne mondiale pour la création d'un *« Fonds contre la faim »* (qui a reçu en 2004 l'appui public du président Chirac), ses propositions de réforme de règles du FMI pour les PED[2], ou l'action de ses envoyés à Cancun dans le cadre de l'OMC[3] avec la création du G20[4].

Avec Lula, le Brésil s'affiche d'une part comme le leader naturel de l'Amérique du Sud, capable de faire contrepoids aux Etats-Unis (l'ALCA[5] est forcée de devenir « light »), en fédérant les autres pays du continent derrière lui, et d'autre part comme grande puissance émergente dans les Affaires du Monde. Encore plus que sous Cardoso, il se veut le moteur de l'unification économique de l'Amérique du Sud. Dès les premiers mois à la présidence du Brésil, Lula déclare[6] : « Le Brésil cherche à développer des relations bilatérales avec l'Afrique du Sud, l'Inde, la Chine, la Russie, le Mexique ». Lula a donc très rapidement cherché à élargir l'éventail des accords commerciaux en direction de pays du Sud notamment. En un an, de janvier 2003 à janvier 2004, il a ainsi fait 20 voyages à l'étranger, jouant un rôle de véritable ambassadeur commercial de son pays et du Mercosur. Tous les voyages de Lula dans de grands pays du Sud sont mis à profit pour mener une diplomatie commerciale offensive en faveur d'accords nouveaux avec le Brésil et le Mercosur.

Lula a visité en janvier 2004 l'Inde, ce géant asiatique qui venait de dépasser le milliard d'habitants et dont les marchés sont habituellement assez fermés. Mais courant 2004, un accord destiné à favoriser le développement des échanges commerciaux entre l'Inde et le Mercosur a été signé *(India and Mercosur Preferential Trade Agreement).* La Chine (1,3 milliards d'habitants ; croissance 2004 : 9%) a accueilli en visite officielle le président Lula du 22 au 27 mai 2004. De nombreux accords ont été signés à cette occasion, dont certains engagent d'ailleurs le Mercosur tout entier.

---

[1] Les membres permanents sont la Chine, la Russie, les USA, le Royaume-Uni et la France. La diplomatie d'Itamarati a présenté la demande d'un siège permanent pour le Brésil sous les mandats de Cardoso. Elle redouble d'activité en ce sens avec Lula.

[2] Pays En Développement.

[3] Organisation Mondiale du Commerce, créée en janvier 1995 à la suite du GATT. Fin mai 2005, l'OMC a élu un nouveau Secrétaire Général, le français Pascal Lamy (les candidats uruguayen et brésilien s'étant désistés).

[4] Groupe de pays en développement, notamment africains, qui se sont alliés à Cancun sous l'égide du Brésil pour faire abolir les subventions US aux producteurs de coton nord-américains qui faussent les cours mondiaux.

[5] *« Area de Libre Comercio das Americas »* ou ALCA, sigle espagnol (et portugais) que nous utiliserons ici. En français, c'est la ZLEA, ce qui signifie *« Zone de Libre Echange des Amériques »,* et FTAA (*« Free Trade Area of Americas »* en anglais), rêve US d'un réservoir de produits agricoles, industriels et matières premières des deux Amériques à leur porte.

[6] *Le Monde* du 19 février 2003.

On assiste ainsi à la formation de puissants groupes économiques de pays du Sud comme le G3 (Brésil, Inde, Afrique du Sud)[1], le G4 (les mêmes plus la Chine) et le BRIC (Brésil + Russie + Inde + Chine). Ce groupe de pays, additionnant leurs poids économiques et leurs marchés de plus de 2,5 à 3 milliards d'habitants sont à même, s'ils s'entendent, de faire contrepoids aux USA, à l'UE et à l'Occident tout entier. C'est ce qu'on a vu à Cancun avec ce qui fut appelé un échec de l'OMC[2]. Peut-être s'agit-il plutôt d'un nouvel équilibre économique mondial en cours de test ? Après moins de deux années et demie au pouvoir du syndicaliste Lula (à mi-parcours de son premier mandat), il sera ici intéressant d'étudier en détail les innovations de la stratégie commerciale offensive mise en œuvre par le Brésil et son président, appuyée sur une diplomatie traditionnellement très professionnelle et efficace, fortement ancrée dans le continent sud-américain avec comme vecteur universel un Mercosur renforcé, inspirée par une philosophie de développement généreuse et combative, qui trouve des alliés de poids chez les plus grands PED du Sud.

Tout récemment, le rapporteur spécial des Nations Unies pour le droit à l'alimentation prophétisait qu'« une formidable révolution démocratique, anticapitaliste et pacifique est en cours au Brésil. De son issue dépend non seulement le destin d'un peuple de 180 millions d'âmes, mais celui d'un continent tout entier. Dans une large mesure, elle décidera également de l'avenir du mouvement démocratique, populaire et anticapitaliste mondial. »[3]. Même si, de toute évidence, il se trompe sur le caractère « anticapitaliste »[4] de ladite révolution pacifique, on a envie de lui donner raison sur l'enjeu planétaire du succès de l'expérience de gauche en cours au Brésil.

Le monde entier a les yeux tourné vers le Brésil de Lula, syndicaliste président qui oeuvre pour la construction d'*« une nouvelle géographie »* mondiale. L'enjeu est de taille mondiale : sa réussite pourrait ouvrir la voie à un nouveau modèle de développement solidaire pour les pays du Sud.

---

[1] C'est ce même G3 qui a remporté une victoire en juin 2003 contre les multinationales pharmaceutiques pour obtenir de pouvoir démocratiser dans le tiers monde l'accès aux soins anti-sida.

[2] Le G20 a finalement remporté une victoire (avec la condamnation des USA par l'OMC début 2005) dans le combat engagé à Cancun pour l'abolition des subventions US à ses producteurs de coton.

[3] Ziegler (Jean), *L'Empire de la Honte*, édit. Fayard, 325 pages, mars 2005, citation: page 191.

[4] L'orthodoxie financière d'Antonio Palocci, habile et compétent ministre des finances de Lula, est encensée par les institutions de Bretton Woods et les analystes financiers de Washington, Londres et Tokyo. La politique économique suivie par le gouvernement Lula ne diffère que peu de celle du président précédent, F.H. Cardoso, et n'est pas anticapitaliste (en cela elle peut être contraire à certaines déclarations antérieures d'un syndicaliste nommé Lula).

PREMIERE PARTIE

LES AXES HISTORIQUES DE LA DIPLOMATIE COMMERCIALE BRESILIENNE

CHAPITRE 1
L' HISTOIRE ECONOMIQUE DU BRESIL

Dans *« Maîtres et Esclaves »*, le sociologue brésilien Gilberto Freyre[1] explique: « Il s'est formé en Amérique tropicale une société agraire dans sa structure, esclavagiste dans sa technique, celle de l'exploitation économique, et mêlée à l'Indien – plus tard au Nègre – dans sa composition.[2] »

Et Freyre de poursuivre : « Le colonisateur portugais a été le premier, parmi les colonisateurs modernes, à faire passer la colonisation tropicale de la pure extraction des richesses minérales, végétales, animales – l'or, l'argent, les bois rares, l'ambre, l'ivoire – à la création locale de richesses. »[3] Et pour finir, ce trait typique qui décrit si bien ce peuple métissé[4], qui a l'art de se sortir de toutes les impasses, de toutes les crises, de toutes les situations que jugerait désespérées l'Européen d'aujourd'hui : « Nos passes, nos feintes, notre imprévisibilité, ce quelque chose de danse et de *capoeira*[5] qui marque le style brésilien, tout cela paraît exprimer le « mulatisme flamboyant » qui est présent aujourd'hui dans tout ce qui est affirmation du Brésil. »

L'Histoire de ce pays et de ce peuple métissé au sens de Gilberto Freyre renferme aussi les clés du Brésil économique, géant du XXIème siècle. Alors, à l'instar de ce sociologue-écrivain brésilien qui cherche à déchiffrer grâce à

---

[1] Né à Recife (Nordeste), universitaire aux nombreuses publications en études sociales, professeur extraordinaire des universités de Yale, Stamford, Columbia, Michigan et Indiana, G. Freyre (1900-1987) est mondialement connu comme l'auteur de l'ouvrage fondateur du métissage brésilien : *Casa Grande e Senzala* publié au Brésil en 1933 et en France en 1952 (*Maîtres et Esclaves*, coll. « La Croix du Sud », éditions Gallimard, 550 p.).

[2] *« Maîtres et Esclaves »*, page 27.

[3] *« Maîtres et Esclaves »*, page 46.

[4] Voir aussi *« Brésil, épopée métisse »*, Carelli (Mario), éditions Gallimard, coll. Découvertes, Paris, 1987, 128 pages.

[5] La *« capoeira »* est une sorte de danse ou jeu collectif très athlétique créé par les esclaves noirs brésiliens pour entretenir leurs capacités de défense et d'attaque.

l'Histoire la réalité masquée dans la vie du *nordestin*[1] d'aujourd'hui, nous commencerons nous aussi par tenter d'extraire de l'Histoire les faits marquants qui viendront éclairer la réalité économique actuelle.

11- LES GRANDS CYCLES DES PRODUITS AGRICOLES D'EXPORTATION

Du XVIIème au XXème siècle, l'histoire économique du Brésil est jalonnée de séries de grands cycles successifs dont les produits ont, l'un après l'autre, alimenté les exportations, sous la période de colonisation comme après l'Indépendance (1822) et l'abolition tardive de l'esclavage (proclamée en 1888). Ce sont d'abord des produits agricoles comme le sucre, le café, le cacao, que le Brésil voit pousser en abondance sur son sol, puis le caoutchouc, et enfin des matières premières minières et des produits transformés et finis ou semi-finis. On comprend l'exclamation admirative d'un écrivain anglais[2] affirmant que « Pas un pays au monde, appartenant à une race européenne, ne possède une telle abondance naturelle pour l'expansion de l'existence humaine et d'une industrie créatrice. »

Enthousiaste aussi, l'écrivain autrichien Stefan Zweig, fuyant le nazisme et la « vieille Europe » en proie à ses démons, qui fait une apologie (trop) bienveillante du potentiel du géant Brésil dans *« Brasilien, ein Land der Zukunft »*[3] : « Les crises de surproduction sont uniquement dues ici au fait que tout pousse si vite et si facilement. ». Par ailleurs, il ajoute très justement : « Chaque siècle a eu, ici, un caractère économique différent, et la tragédie a comporté des actes aux noms variés : or, sucre, café, caoutchouc, bois. En chaque siècle, en chaque demi-siècle plutôt, le Brésil révèle une nouvelle et surprenante source de richesse.

Tout au début du XVIème siècle, c'est le bois, le « *pau Brasil* », qui donne au pays sa marque économique et même, pour toujours, un nom. Puis ce sera le relais au XVIIIème siècle par l'exploitation et l'exportation de la canne à sucre, que les Portugais importèrent du Cap Vert et qui perdure de nos jours. Puis le tabac, adopté des indiens et exporté vers l'Europe, qui trouve là un « nouveau vice. »[4]

Puis le coton, que les Jésuites du Brésil apprenaient à filer aux indigènes, et qui alimentera l'industrie textile d'Europe (Angleterre en tête) grâce à

---

[1] Habitant du Nordeste, région la plus pauvre du Brésil, car souvent affectée par de grandes sécheresses annuelles. C'est sur ses rivages, entre Sao Luis au nord (capitale du Maranhão, créée par des français au XVII° siècle et baptisée ainsi en l'honneur du roi de France, Louis XIII) et Salvador au sud (capitale de l'état de Bahia) que furent débarqués les millions (4 à 6) d'esclaves noirs importés d'Afrique Occidentale.
[2] Il s'agit de James Bryce, né en 1838 à Belfast, en Irlande, décédé en 1922. Homme d'Etat, écrivain, érudit, conseiller au parti libéral britannique, il est nommé Ambassadeur aux Etats-Unis en 1907. En 1915 le gouvernement britannique lui donne mission de constituer un dossier sur la persécution et les massacres d'Arméniens en Turquie.
[3] Zweig (Stefan), *Le Brésil, Terre d'Avenir,* éditions de l'Aube, 13-Gémenos, 1998 (1941), 380 pages ; page citée : 131.
[4] Ibidem, page 138.

l'invention de la machine à tisser (1770). [...] Toutes ces matières premières, le sucre, le tabac, le cacao, le coton sont livrées uniquement à l'état brut, sans être travaillées dans le pays ; il faudra encore une longue évolution avant que le Brésil soit assez libre et assez mûr pour avoir une industrie de transformation organisée et mécanique[1]. [...] La ruée vers l'or du Minas Gerais représente la première des grandes migrations intérieures, qui ont été si décisives pour l'évolution nationale et économique du Brésil. [...] Les grandes transformations de l'économie brésilienne, le passage d'un produit monopolisé à un autre, ce qu'on appelle les cycles de la production, se présentent aussi comme des migrations et des déplacements d'équilibre colonisateur. [...] L'ère du bois, du sucre et du coton a colonisé le Nord. Minas Gerais a été colonisé par l'or. [...] São Paulo doit sa montée fantastique à l'empire du café. Manaus et Belém, leur brusque épanouissement au cycle du caoutchouc. »[2]

Ce système économique de relais de cycles agricoles fonctionna longtemps, les ressources tirées des exportations de produits agricoles permettant la mutation en cours au XIXème siècle vers une urbanisation débutante et l'achat de machines industrielles.

12- L' « ECONOMIE DE SUBSTITUTION » DES IMPORTATIONS

Mais la crise mondiale de 1929 eut sur le Brésil des effets radicaux.

La forte centralisation de l'Etat a cependant aidé le pays à affronter les conséquences de la crise. Le prix du café partit en chute libre en même temps que le marché se rétrécissait et que la production nationale augmentait (le gouvernement alla jusqu'à faire brûler les stocks de café : « *A queima do cafe* »). Le même phénomène de chute des prix et de surproduction se produisit pour le sucre, le caoutchouc, le cacao. La crise de 1929 a complètement démantelé les bases structurelles sur lesquelles reposait l'économie brésilienne depuis l'Indépendance (1822). En 1931, le montant des exportations chuta de £[3]98 millions à £49 millions. Le gouvernement décida de limiter les importations : elles chutèrent en un an de £54 millions (1930) à £28 millions (1931).[4] Le contrôle des changes et des achats extérieurs mis en place par l'Etat brésilien fut draconien.

C'est ainsi qu'une autre conséquence de la crise de 1929 fut la prise de conscience par les responsables de la conduite des affaires du Brésil que le renforcement de l'industrialisation du pays devenait vital pour sa survie

[1] Ibid., p. 141.
[2] Ibid., p.165.
[3] Lire anglaise.
[4] Caldeira (Jorge), *Historia do Brasil,* edit. Companhia das Letras, São Paulo, 2000 (2° édition), 365 p.- « Efeitos da crise de 1929 », page 268-269.

économique. Auparavant, il n'était vu que comme un complément subordonné à l'activité agricole.

Le rôle dans l'économie des activités urbaines fut renforcé (doublement entre 1929 et 1933) puis connut un développement presque ininterrompu.

En 1933, pour la première fois dans son histoire, la production industrielle (en forte hausse) dépassa la production agricole (en baisse). La définition d'une vraie politique industrielle devint l'une des priorités du gouvernement brésilien d'alors et les grands industriels, en retour, une force d'appui à la classe politique.

A partir de ce moment dans l'histoire, le gouvernement brésilien a fortement encouragé les industries dites de « substitution » des importations, dont les produits remplaçaient sur le marché intérieur brésilien des produits étrangers, qu'il fallait éviter d'importer. Les nouvelles productions industrielles nationales ont donné naissance rapidement à des industries en surproduction qui furent donc destinées aussi au marché extérieur.

Mais ce n'est qu'après 1945 que le Brésil a pu facilement orienter ses productions tant agricoles qu'industrielles vers l'exportation.

13- « ESTADO NOVO »: INDUSTRIALISATION ET DICTATURE SOCIALE

En consultant le *« Dictionnaire historique et géopolitique du XXème siècle »*, on apprend que l' *« Estado Novo »* est le régime fondé et incarné par Getulio Vargas de 1937 à 1945 :

« L'*Estado Novo* (l'Etat Neuf) représente une alliance des bureaucraties civile et militaire et de la bourgeoisie industrielle, dont l'objectif commun et immédiat est de promouvoir une industrialisation du pays tout en assurant la paix sociale....S'inspirant de la *« Carta del lavoro »* (Charte du travail) de l'Italie fasciste, il adopte le principe de l'unité syndicale, interdit grève et « lock-out », mais instaure un salaire minimum...et une esquisse de droit du travail. [...] Le réalisme de Getulio Vargas lui fait rejoindre les Alliés quand il obtient des USA les investissements technologiques dont le Brésil a besoin pour développer sa sidérurgie. De l'Estado Novo datent aussi les tentatives d'imposer le Brésil comme leader des pays latino-américains. »[1]

Il existait de fait sous l' Estado Novo un fort amalgame entre la politique économique du gouvernement et le contrôle politique (des revendications) du secteur de l'industrie. Une conséquence de ce système fut la fermeture progressive de l'économie brésilienne vis-à-vis de l'étranger. « De 1938 à 1942, la part des investissements étrangers au Brésil chuta de 44% des capitaux totaux des sociétés anonymes à 22%. »[2]

[1] Cordellier (Serge)-(sous la direction de*), Le Dictionnaire historique et géopolitique du XX^{èm} siècle*, éditions La Découverte et Syros, Paris, 2000, 735 pages- article « Estado novo », page 240.

[2] Caldeira (Jorge), *Historia do Brasil*, page 281 : « Industria no Estado Novo » (trad. de l'auteur).

La continuité de ce modèle où l'Etat est responsable directement du développement économique permit en 1950 le retour de Getulio Vargas par la voie électorale. Il renforça encore le poids de l'Etat dans la conduite de l'économie. Il créa toutes les grandes entreprises d'Etat dans les secteurs des infrastructures comme l'électricité, la sidérurgie, le pétrole.

Face à des pressions internationales grandissantes (FMI, USA,...) et incompris par une partie croissante de l'opinion de son pays, le président se sent acculé. Le suicide de Getulio Vargas en octobre 1954 créa un choc national.

Juscelino Kubitschek (le futur père de Brasilia) lui succéda à l'issue des élections de 1955. Le « Plano de metas » (Plan de mesures) qu'il fit adopter par son gouvernement poursuivait six grands objectifs socio-économiques. Les objectifs économiques du *« Plano de metas »* de J.K. furent tous atteints : « Entre 1955 et 1961, la production d'acier connut une croissance de 100% ; celle des industries mécaniques de 125% ; celle du secteur électrique et des communications : de 380% ; celle des équipements de transport : 600%. »[1]

A partir du milieu des années 50, le Brésil connut une forte croissance économique, avec des taux de croissance compris entre 5% et 10% par année (10,8% en 1958). Le développement économique est maintenant fondé sur une économie à nouveau marquée par d'assez fortes exportations agricoles.

Le contrôle des importations se poursuit cependant : « Durant toute cette période, les importations ont été maintenues au même niveau, entre $US 1 et 1,7 milliard par an. Le minimum fut atteint en 1965 avec $US 940 millions ; le maximum en 1951 avec $US 1,7 milliard. [...] Entre 1940 et 1960, le nombre de sites industriels doubla au Brésil, passant de 41 000 à 109 000. Le nombre d'ouvriers augmenta encore plus en proportion, sautant de 670 000 à 1 500 000[2]. [...] En pourcentage de la richesse totale du pays, les importations avaient chuté de 10% en 1940 à 6,9% en 1961. Les industriels, qui dépendaient des devises pour importer des machines, commencèrent à renâcler fortement. Avec l'aggravation de la situation, à partir de 1962, le système politique se révéla incapable de répondre aux pressants besoins de modernisation- et beaucoup virent le coup d'Etat militaire (de 1964) comme une solution à la crise. »[3]

14- LE REGIME DES MILITAIRES ET LE « MIRACLE BRESILIEN »

La politique de *« substitution des importations »* avait révélé ses défauts. Elle empêchait la modernisation de l'agriculture, faisait monter les

---

[1] Ibidem, page 295 : « Governo Juscelino : Plano de metas » (trad. de l'auteur).
[2] Ibid., p. 289: « Populismo, Estado e Industria».
[3] Ibid., p. 307: « Militares no poder : comercio exterior ».

prix intérieurs des produits industriels brésiliens, éliminait toute idée de compétition, surchargeait le secteur politique de la responsabilité des prises de décisions d'investissements. Le Brésil exportait surtout les produits de son agriculture dont les revenus n'équilibraient pas la balance du commerce extérieur du pays. Le manque de ressources et d'investissements étrangers créait inévitablement un retard de modernisation industrielle. L'inflation provoquait d'énormes transferts et pertes de richesse.

Très vite, les militaires créèrent le « Banco Central », chargé de l'émission de la monnaie et des titres publics, éliminèrent les subventions au blé et au pétrole, augmentèrent tous leurs pouvoirs, exécutif et financier notamment, réduisirent drastiquement les libertés individuelles.

Durant les cinq premières années de régime militaire, le gouvernement accumula un énorme volume de devises. « Entre 1964 et 1969, les investissements faits dans le pays se maintinrent à un niveau élevé de 19,8% du PIB.

Alors qu'en 1964 le gouvernement n'utilisait que 5,7% du PIB (28% des ressources investies) et l'initiative privée 14,1% (72%), en 1969, le gouvernement fut responsable de plus de la moitié des investissements (9,9% du PIB), prenant au secteur privé un tiers de son espace d'investissement.»[1] Ces sommes furent affectées à la création de 46 grandes entreprises nationales et à des subventions de toutes sortes.

Les entreprises publiques ont dès lors contribué significativement au PIB : en 1976, jusqu'à 25% du PIB brésilien venait des entreprises nationales. Ceci eut pour effet d'élever le taux de croissance à des niveaux record de 11% en 1971, 12% en 1972 et 14% en 1973.

Les importations furent libérées et atteignirent $US 6,1 milliards en 1974 (contre 1 à 1,5 depuis 1945). La superficie des zones cultivées (développement du soja) fut considérablement augmentée, notamment dans le Centre et l'Ouest du pays : pour compenser le coût des achats extérieurs par les revenus des produits exportés de l'agriculture.

Ainsi de 1960 à 1985, l'espace agricole s'est accru de 1 300 000 kilomètres carrés. L'industrie connut des taux de croissance de 20% par exemple dans le secteur des biens de consommation durable, l'industrie automobile.

La transition économique engagée par le général Geisel à partir de 1974 est graduelle, voire interminable et très coûteuse. Elle est tirée par des *« acteurs »* collectifs qui veulent obtenir des changements, acteurs nouveaux, tels syndicats ouvriers, associations de quartiers, et anciens, soucieux de se démarquer de l'Etat, comme l'Eglise catholique, l'Ordre des avocats.

---

[1] Ibid., p. 329: « Milagre brasileiro ».

Le pouvoir militaire est désormais ouvertement critiqué par les Etats-Unis.

A partir de 1978, l'opposition au régime militaire devint plus visible (nombreuses grèves : où le syndicaliste métallo Lula commence à s'illustrer), et l'endettement devient critique (depuis la crise du pétrole de 1973[1] et les projets dispendieux de Geisel après 1974[2]).

Le second choc pétrolier de 1979[3] atteignit le Brésil de plein fouet : les importations passèrent de $US 4 milliards en 1978 à $9,5 milliards en 1982. L'inflation augmenta de 40% en 1978 à 110% en 1980. La dette externe grimpa de $US 43 milliards à $US 70 milliards en 1980. Le déficit du commerce extérieur atteignit $US 2,8 milliards en 1980 ($US 1 milliard en 1978 ; à l'équilibre en 1973 avant le premier choc pétrolier).[4]

Le régime militaire (après Geisel, le général Figueiredo) ne voulut pas tenir compte de la crise provoquée par le choc pétrolier et continua la politique de développement engagée : en moins d'une année, tout le système économique s'effondra. Les mesures correctives prises se révélèrent inadéquates.

En 1981, des mesures d'adaptation furent tentées : notamment des essais infructueux d'augmenter significativement les exportations. Cette année-là, le PIB chuta de 3,4%. En 1982, le déficit public était de 6,2% du PIB, une position non enviable. Pour en sortir, il eût fallu emprunter à l'extérieur, ce que le monde bancaire entier refusa au Brésil, qui entra en récession en 1983.

Après deux décennies de dictature militaire[5], le retour du pouvoir aux civils était en vue (1985).

15- L'APRES 1985 : LA BRUTALE SOUMISSION AU MARCHE MONDIAL

De 1985 à 1990, l'inflation galopante de la décennie précédente fut jugulée et revint à des taux de 3 à 4% par an. Mais ceci était bien entendu défavorable à la croissance et à l'investissement. Jusqu'aux années 90, l'Etat avait été en permanence protectionniste.

La soumission aux lois du marché mondial fut donc très brutale.

---

[1] En 1973, le baril de pétrole sauta de $US 2,5 à $10,5. A cette époque (bien plus qu'en 2005), le Brésil doit couvrir par des importations ses besoins de consommation en pétrole (la moitié environ). Le coût des importations de pétrole du Brésil passa de $US 600 millions à $US 2 500 millions entre 1973 et 1974. Le commerce extérieur d'équilibré en 1973 devint déficitaire avec moins $US 4,7 milliards en 1974.

[2] *Plano Nacional de Desenvolvimento* (Plan National de Développement) : usine nucléaire d'Angra au sud de Rio (technologie allemande: Siemens), usines pétrochimiques, industrie lourde, voies ferrées et routes dont la Transamazonienne, barrages et grandes usines hydroélectriques, centres de recherche.

[3] Le baril de pétrole augmenta de $US 12 en 1978 à $US 29 en 1980.

[4] Chiffres tirés du livre *Historia do Brasil*, pages 339-340, « Segunda crise do Petroleo ».

[5] Sur cette période plutôt sombre de l'histoire du pays, consulter : *Ditadura militar, esquerdas e sociedade* (Dictature militaire, gauches et société), Arrao Reis (Daniel), Jorge Zahar editor, Rio de Janeiro, 2000, 85 pages.

Les présidents Fernando Collor de Mello (destitué pour corruption en 1992) et surtout Fernando Henrique Cardoso (père du *« Plano Real »*[1]) ont déréglementé puis privatisé l'économie du pays, stabilisant progressivement l'économie intérieure, tout en l'ouvrant par étapes au marché extérieur (voir chapitre suivant).

A leur actif figure également le lancement du *« Mercosur »* (voir chapitre 3), sorte de Marché Commun des pays du *« Cône Sud »* du continent sud-américain, à savoir l'Argentine, le Brésil, l'Uruguay et le Paraguay.

---

[1] F.H. Cardoso fut Ministre des Finances en 1993 du président Itamar Franco (aujourd'hui Ambassadeur du Brésil en Italie). F.H. Cardoso réforma et stabilisa le secteur financier et l'économie en lançant une nouvelle monnaie brésilienne, à parité du $US : ce fut le Plan Real, véritable plan de stabilisation économique.

CHAPITRE 2
L' ERE CARDOSO
(1994-2002)

21- QUI EST FERNANDO HENRIQUE CARDOSO ?

FHC, comme l'appellent les brésiliens, a effectué deux mandats présidentiels de 1994 à 2002 et stabilisé l'économie du pays en le modernisant tout en ouvrant son commerce sur le monde extérieur. Professeur d'économie et de sociologie, il risque d'être emprisonné par les militaires en 1964 et s'exile au Chili, où il écrit son ouvrage *« Dépendance et développement en Amérique Latine »* (1970), qui le fait connaître dans les sphères internationales. Dans le début des années 70, il enseigne l'économie à Paris à la Sorbonne et étudie à l'EHESS[1]. De retour dans son pays en 1973, il entre en politique (parti d'opposition MDB[2]). Il est élu sénateur suppléant en 1978 puis sénateur titulaire en 1983, réélu en 1987. Il fonde le PSDB[3], nouveau parti politique de centre gauche. Il entre dans le gouvernement en 1992 et y devient ministre des Finances un an après.

22- LE « PLAN REAL »

La réussite du « Plan Réal » de 1994 (le réal à parité du $US pendant presque cinq années) permet un retournement de situation étonnant pour les observateurs étrangers (mais pas pour les Brésiliens qui croient toujours au miracle dans les pires crises).

---

[1] Ecole des Hautes Etudes en Sciences Sociales, Boulevard Raspail - Paris, 6°.

[2] Mouvement Démocratique Brésilien, seul parti d'opposition toléré par le régime militaire. Sur la palette des partis politiques brésiliens du XX° siècle, consulter : *Partidos politicos no Brasil (1945-2000)*, Schmitt (Rogerio), Jorge Zahar editor, Rio de Janeiro, 2000, 96 pages.

[3] Parti de la Social Démocratie Brésilienne, créé en 1988.

Figure 3
Répartition du commerce mondial
par blocs régionaux (2000)

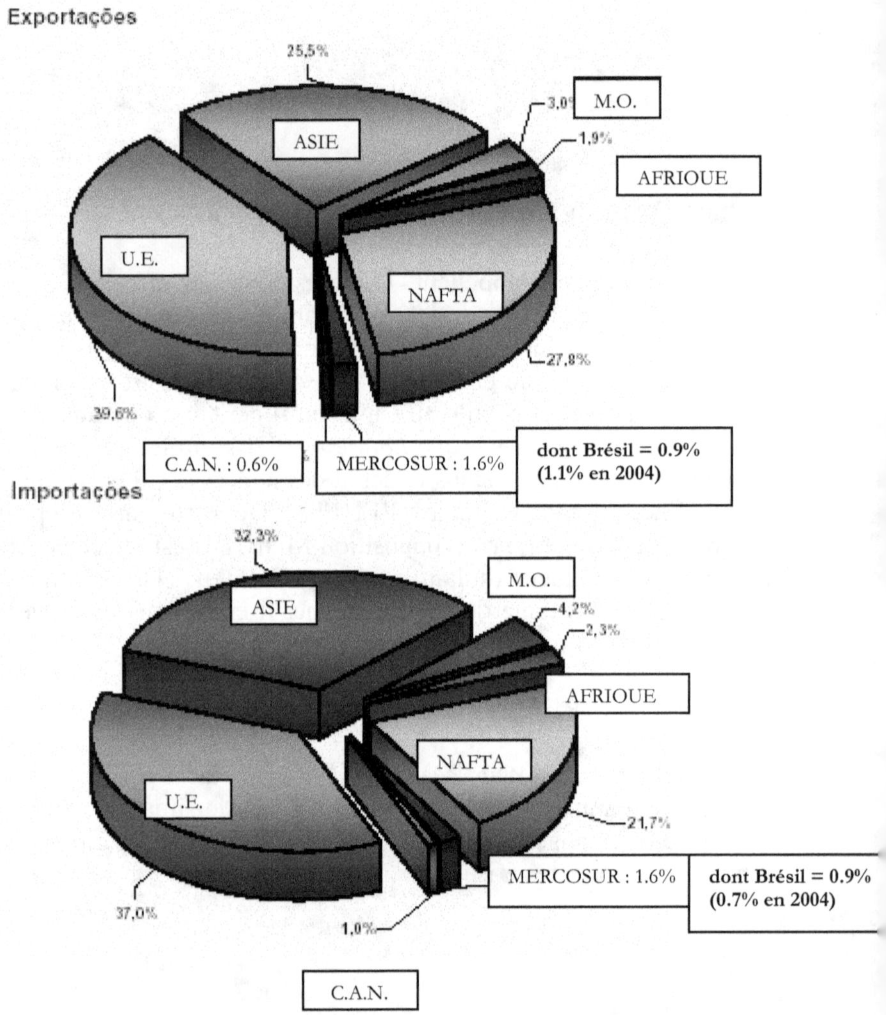

(Source: FMI-Direction of trade statistics, Yearbook 2000)

Selon la BID[1], le taux moyen d'augmentation des prix à la consommation était de 1008% en 1992 et de 2688% en 1994. Or, en 1995, ce taux chute à 84% puis à seulement 7,5% en 1997 : c'est un succès pour le Plan Réal. La monnaie a arrêté de se déprécier, une première depuis un demi-siècle. Le coût de cette remarquable stabilisation est la distorsion des prix, qui a comme conséquences la réduction de l'épargne, des taux d'intérêt élevés (relevés de 20 % à 43 % en 1997). Mais ceci étrangle consommation et production et entraîne un ratio problématique entre déficit et recettes en devises. Sous son premier mandat, Cardoso réalise plusieurs réformes structurelles, qui permettent au pays de graduellement ouvrir son économie et d'assouplir les nombreux monopoles publics hérités du passé. Ces réformes « constitutionnelles libérales » facilitent la modernisation du pays : privatisation à la fois des services et d'une partie des entreprises publiques (télécommunications, pétrole,...). Fortes de leur haute technicité reconnue, occupant des places mondialement en vue dans des domaines tels que construction aéronautique, sidérurgie, industrie minière et pétrolière, les grandes entreprises brésiliennes (Embraer, C.V.R.D., Petrobras, Albras, M.B.R., C.S.N. par exemple ; voir tableau ci-après) augmentent leurs exportations et conquièrent de nouveaux marchés extérieurs. En 2000, les 30 premières entreprises du pays totalisent 27.9% des exportations totales.

La confiance en FHC et l'impact de ses premiers résultats vont vite attirer des montants élevés de capitaux étrangers ($US 23 milliards en 2001). Cependant, le Brésil reste sensible aux crises (et attaques spéculatives) extérieures, qu'il surmontera néanmoins sous les mandats de FHC:

- répercussion de la crise de 1997,
- dévaluation brutale de 50% en janvier 1999,
- en 2001 : (crise de l'électricité de 10 mois due au niveau extrêmement bas des barrages[2] après plusieurs années de faible pluviosité),
- en 2002 : dévaluation « glissante ». Le réal « flotte » et le taux tombe à plus de 3 réais pour 1 $US, presque 4 au 2ème semestre 2002 à cause des peurs des milieux financiers internationaux devant l'arrivée possible au pouvoir du PT[3].

---

[1] Banque Interaméricaine de Développement, présidée par E.V. Iglesias, qui a donné le 12 octobre 2004) une intéressante conférence à la Maison de l'Amérique Latine (264, bvd Saint-Germain, Paris) sur *L'Amérique Latine face aux défis de l'ouverture commerciale*, où il souligne l'importance des intégrations régionales, pilier fondamental dans les stratégies d'ouverture, et annonce les défis du futur : « Les unions douanières doivent progresser dans l'harmonisation des politiques commerciales des différents pays. En même temps, les nations qui souhaitent progresser vers les objectifs spécifiques des marchés communs doivent se préparer à établir des institutions et des politiques régionales d'envergure. »

[2] L'énergie électrique est d'origine hydraulique (non polluante en G.E.S., gaz à effet de serre) à plus de 96% au Brésil.

[3] Parti des Travailleurs : grand parti historique de la Gauche prolétaire dirigé par Luis Iñacio da Silva, dit Lula (voir deuxième partie du rapport). Le PC est très minoritaire au Brésil.

Tableau 1:
Les 30 premières entreprises brésiliennes exportatrices (2000)

Nom de l'entreprise brésilienne	Valeur FOB 2000 (US10^6$)	%
Embraer	2702	4.9
Cia Vale do Rio Doce-CVRD	1596	2.9
Petrobras	1456	2.6
VW do Brasil	1129	2
Bunge Alimentos	977	1.8
Cia Siderurgia de Tubarao	949	1.7
Fiat Automoveis	623	1.1
Motorola	597	1.1
Aracruz Cellulosa	587	1.1
GM do Brasil	573	1
Albras-Aluminio Brasileiro	542	1
Cargill Agricola	531	1
ADM Exportadora e Importadora	483	0.9
Samarco Mineraçao	388	0.7
Mineraçoes Brasileiras Reunidas	385	0.7
Viaçao Aerea Sao Paulo	379	0.7
Sadia	378	0.7
Ferteco Mineraçao	372	0.7
Celulosa Nipo Brasileira-Cenibra	369	0.7
Ericsson Telecomunicaçoes	365	0.7
Cia Siderurgia Nacional-CSN	352	0.6
Comercio Industrias Brasileiras-Coinbra	339	0.6
Sucocitrico Cutrale	332	0.6
Robert Bosch	313	0.6
Açominas	307	0.6
Visteon Sistemas Automotivos	306	0.6
Ford Motor Company Brasil	302	0.5
Bertin	289	0.5
Recofarma Industria do Amazonas	286	0.5
Daimlerchrysler do Brasil	276	0.5
Total des 30 compagnies	**15382**	**27.9**

(Source : MDIC, balança comercial brasileira, 01/2001)

23- L'ECONOMIE SOUS FERNANDO HENRIQUE CARDOSO

Avec le Président Fernando Henrique Cardoso et pendant presque une décennie (si l'on part de son action comme Ministre de Finances en 1993), le Brésil s'est donc délibérément dirigé vers un nouveau modèle de développement fondé sur :

- des réformes axées sur le marché ;
- des privatisations de secteur-clés de l'économie (processus qui a été bien géré, dans la transparence, sous l'égide de la BNDES[1]), comme le secteur des télécommunications, de l'énergie électrique, d'une partie du secteur bancaire et des services[2];
- l'exécution de ces programmes plutôt libéraux[3], l'augmentation massive des IDE[4] sur la période, permettant une relance économique énergique et pérenne ;
- l'ouverture sur l'extérieur, avec l'abaissement des droits de douane et la levée de quelques (pas tous) obstacles commerciaux ;
- la maîtrise de l'inflation (quelques %) ;
- la priorité donnée aux exportations, tant des produits agricoles (qui rencontrent des barrières sur les marchés régionaux mondiaux tels qu'UE, ALENA[5],...) que produits industriels et manufacturés ;
- la stabilisation de la dette extérieure sous les 50% du PIB.

L'évolution des IDE durant cette décennie '90 qui apparaît dans le tableau ci-dessous illustre bien leur augmentation avec la période des principales privatisations sous le premier mandat du Président Cardoso.

---

[1] Banque Nationale de Développement Economique et Social du Brésil.

[2] Les USA et l'Espagne seront sur la décennie 1991-2000 les 2 premiers bénéficiaires des privatisations brésiliennes (voir tableau 1 ci-dessous) avec respectivement 16,5% ($US 13,5 millions) et 15,4% ($US 12,7 millions) des totaux investis par des pays étrangers

[3] Pourtant F.H. Cardoso avait un parcours de politicien de gauche, en fait centre gauche (où se situe son parti le PSDB), et a su s'allier la droite modérée pour gouverner, ouvrir l'économie et être réélu en 1998.

[4] Investissements Directs Etrangers.

[5] Aire de Libre-Echange de l'Amérique du Nord (NAFTA en anglais) qui regroupe Canada, Mexique et USA.

Tableau 2:
Montant des investissements étrangers dans les privatisations:
1991 à 2000
($US milliards)

Pays	PND[1]	Par Etat	Télécom.	Total
USA	3,849	6,024	3,692	13,565
Espagne	3,606	4,027	5,042	12,674
Portugal	1,000	0,658	4,224	4,882
Italie		0,143	1,220	1,362
Canada	0,021		0,671	0,692
France	0,479	0,196	0,010	0,686
Argentine		0,148	0,011	0,159

(Source: PWC 2001)

Notons que l'ouverture économique n'est que partielle pour le secteur pétrolier, Petrobras restant un bastion du Brésil nationaliste, où le mot privatisation est encore tabou. Son influence reste prépondérante dans la production (97%), le raffinage (11 raffineries), la pétrochimie.

Petrobras a cependant perdu son monopole dans l'exploration pétrolière et gazière dès 1999 avec la création de l'ANP[2] et l'organisation annuelle de « rounds » d'attribution de nouveaux permis, ouverts aux compagnies pétrolières étrangères (30 sont maintenant installées pour explorer le

[1] *« Plano Nacional de Desestatizaçao ».*

[2] ANP = Agence Nationale du Pétrole, sur le modèle de l'ANEEL, Agence Nationale de l' Energie Electrique. Le premier Directeur Général fut David Zylbersztajn, gendre du président F.H. Cardoso. L'ANP sous FHC recevait ses directives de la présidence ; sous Lula, la tutelle du Ministère des Mines, de l'Eau et de l'Energie voulue par les statuts est effective, la Ministre Dilma Roussef étant une ancienne *guerillera,* proche de Lula, dotée d'une très forte personnalité.

domaine minier du pays après 6 rounds d'attribution de permis aux enchères publiques[1]).

La rupture avec le passé apparaît bien dans le résumé du rapport annuel 2001 de l'OCDE[2] consacré au Brésil[3] :

« Pour la première fois en dix ans, l'économie a pu récolter les fruits d'une reprise tirée par les exportations. En 2000, cette reprise s'est étendue et a entraîné une augmentation substantielle des rentrées fiscales tout en atténuant l'impact de l'ajustement budgétaire...L'amélioration de la compétitivité[4] nécessite la poursuite de l'effort de libéralisation des échanges et une intensification de la concurrence sur le marché intérieur...La réorientation des entreprises brésiliennes vers l'exportation semble être la résultante d'incitations appropriées...Dans ce contexte, l'ouverture à l'investissement et aux échanges internationaux suppose de se départir des biais existants dans le marché intérieur, au lieu de promouvoir les exportations dans le seul but de compenser tout une série de coûts supplémentaires associés au fait d'exercer une activité spécifiquement au Brésil (ce que l'on a baptisé le *custo Brasil* ou coût Brésil). »

24- LE COMMERCE EXTERIEUR SOUS F. H. CARDOSO

Avec le président Fernando Henrique Cardoso, priorité est donnée aux exportations. La confiance des investisseurs ayant été rétablie, les IDE affluent. Les multinationales sont revenues et contrôlent une part majoritaire de la production. Dans la construction automobile, c'est 90% : en tête VW, Fiat et GM[5]. Dans l'industrie pharmaceutique : 80% ; la construction électrique et l'électronique : 70%.

Le Brésil est devenu le second pays exportateur agro-alimentaire après les USA (3ème si l'on considère l'UE). Les exportations agricoles représentent 1/3 du total. Le Brésil est 1er pour le café, les agrumes, le jus

---

[1] Les résultats des forages (souvent en offshore profond - plus de 1000 mètres de profondeur d'eau) faits par les compagnies étrangères au Brésil sont cependant à ce jour décevants n'ayant rencontré dans les bons cas que du pétrole très lourd, dans des conditions d'exploitation jugées non-économiques par les sièges occidentaux de ces multinationales ; seul le groupe Shell aurait obtenu plus de succès et a démarré une production significative; en fait, cette ouverture a véritablement secoué et stimulé le colosse national Petrobras un peu lourd à bouger, mais doté d'une technicité renommée dans le monde, qui s'est mis à refaire de grosses découvertes en mer tant de pétrole (en face de Rio surtout) que de gaz (en face de Sao Paulo). Le pays approche ainsi de l'autosuffisance en hydrocarbures qu'il pourrait atteindre en 2007 (alors qu'en 1995, il devait encore importer 35% de ses besoins).

[2] Organisation de Coopération pour le Développement Economique, dont le siège est à Paris (en anglais OECD : Organisation for Economic Cooperation and Development) : l'OCDE, qui a succédé en 1960 à l'OECE européenne créée en 1948, comptait 29 membres en 2000, essentiellement des pays développés dits du Nord.

[3] OCDE, *Etude Economique du Brésil,* 2001 : site www.oecd.org

[4] Il s'agit de la compétitivité sur les marchés ouverts extérieurs, bien entendu.

[5] Les groupes français entrés plus tard – 1999 concernant l'usine Renault de Curitiba (Etat du Parana) et 2001 pour l'usine Peugeot de Porto Real (Etat de Rio) – se partagent en 2002 déjà 9,5% de la production.

d'orange. Il est 2ème pour le soja (culture d'introduction), le cacao, le sucre et les bovins. L'agriculture à la fin du XXème siècle est modernisée et utilise engrais performants et produits phytosanitaires aux semences sélectionnées[1], et produit des rendements élevés. Pour atteindre ces résultats exceptionnels, la superficie cultivée doit s'accroître d'une année sur l'autre, avec l'avancée des « fronts pionniers » vers l'intérieur du pays (au détriment des forêts primaires bien souvent).

Figure 4
Participation en % du Brésil
aux exportations/importations mondiales de 1950 à 2004

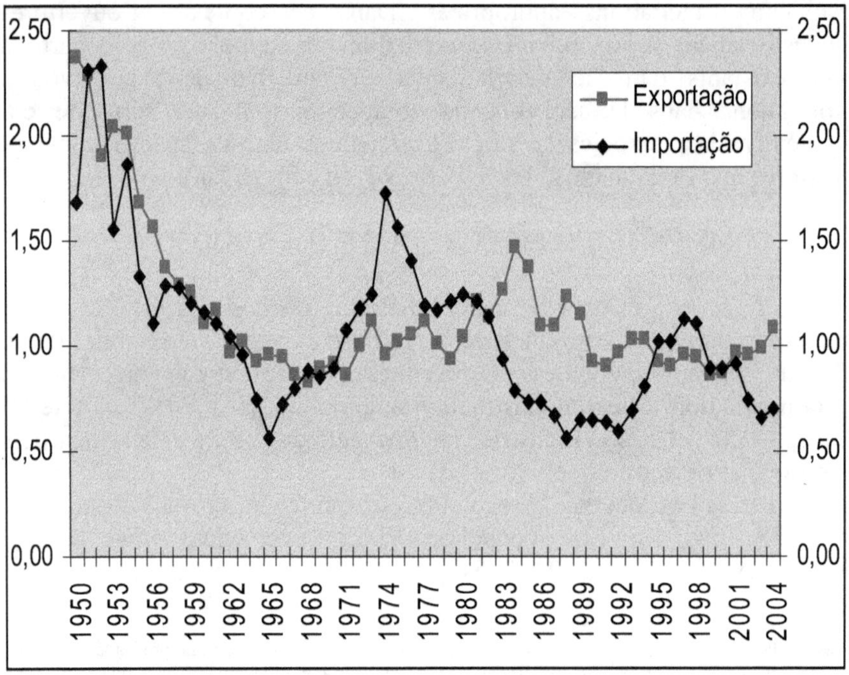

(Source : MDIC-SECEX, Departamento de Desenvolvimento e Planejamento de Comércio Exterior)

[1] Sur la question des OGM, on se rappelle des actions « pirates » dans un champ de maïs transgénique de José Bové avec le Mouvement des Paysans sans Terre brésilien – MST – pendant le 1er Forum Mondial de Porto Alegre, en 2001. Sous les différents gouvernements depuis 1995, le Ministère de l'Environnement s'est opposé aux OGM, mais le Ministère de l'Agriculture, actant d'un fait accompli dans de nombreuses grandes exploitations du Sud du pays, est favorable à leur exportation. On verra donc Brasilia sous Cardoso autoriser en 2002 l'exportation de soja transgénique, alors qu'il en interdisait toujours la culture ! Fin 2002, FHC laissera la question ouverte, pour son successeur. Lula, sous la pression du Ministère de l'Agriculture et du puissant lobby de l'agrobusiness, adoptera en 2004 une mesure « provisoire » réaliste (moratoire d'un an avalisant la situation réelle), qui fera pleurer en public la Ministre de l'Environnement, Marina Silva.

Figure 5
Balance commerciale du Brésil de 1950 à 2004 (US$ milliards)

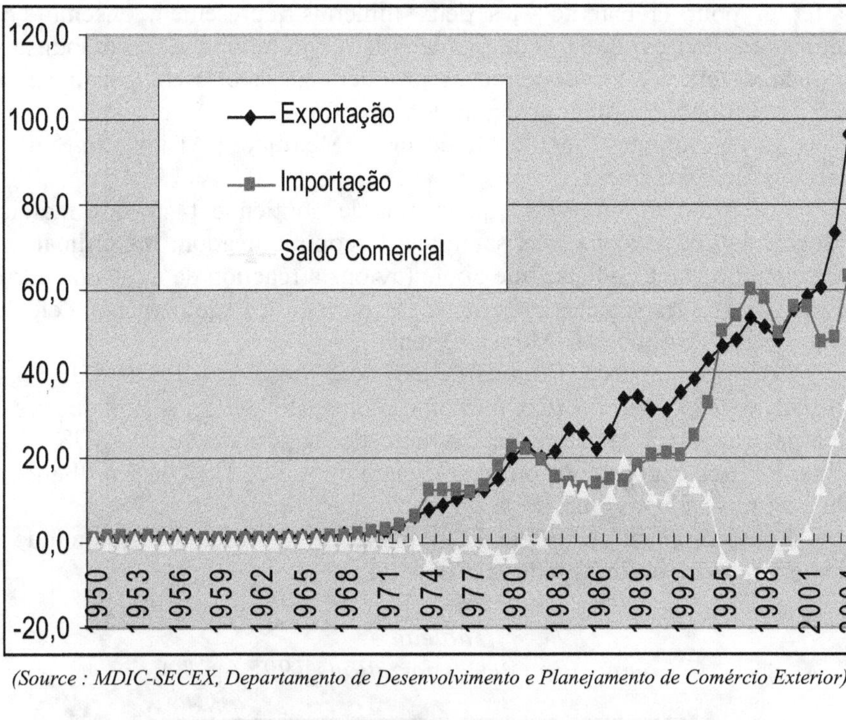

(Source : MDIC-SECEX, Departamento de Desenvolvimento e Planejamento de Comércio Exterior)

Tableau 3:
Historique 1990-2000 du commerce extérieur du Brésil

Années	Exportations ($US10⁶)	Importations ($US10⁶)
1990	31390	20582
1991	31620	21041
1992	35793	20554
1993	38855	25256
1994	43545	33079
1995	46506	49972
1996	47748	53296
1997	52994	59742
1998	51140	57743
1999	48011	49272
2000	55096	55783

(Source : MDIC, SECEX, système Alice)

Sur le plan des richesses minières, le Brésil est second pour le minerai de fer et pour la bauxite : les deux minerais représentent ensemble un volume (en devises) de 10% du montant des exportations. Le tissu industriel est bien diversifié. De nombreuses productions se classent parmi les 10 premières mondiales et sont des piliers (parfois récents) des exportations : citons les automobiles (vers le Mercosur, le Mexique, l'Afrique du Sud) ou le secteur de l'armement.

Les industries à forte valeur ajoutée soutiennent sur les marchés étrangers la concurrence : les satellites de communication, les ordinateurs, l'aéronautique tant militaire que civile (avions à réaction de moyenne portée « Embraer »). Des sociétés brésiliennes exportent des équipements « clés en main » vers l'Afrique et le Moyen-Orient.

La valeur totale du commerce extérieur brésilien a été de $US 96,12 milliards en 1995, un record. Ce résultat représente une expansion de près de 60% par rapport à la moyenne courante de la période 90-94 ($US 60,41 milliards). Les exportations ont représenté un total de US$ 46,5 milliards en 1995, un record historique.

Leur composition reflète la diversité de la structure économique et l'importance des produits industrialisés (74,64%).

Tableau 4:
Composition des exportations 1995 (en %)

Produits de base	23,59
Produits industrialisés	74,64
Semi manufacturés	19,66
Manufacturés	54,98
Autres	1,77

(Source : site de la Présidence de la République du Brésil : www.planalto.gov.br/ publi)

En cinq années (1995 à 2000), la répartition par types de produits poursuit l'évolution entamée dès 1990, à savoir une part plus importante des produits manufacturés (59,1% en 2000) et semi manufacturés (15,4% en 2000), corrélativement à une baisse sensible et continue de la part des produits de base (22,8% en 2000). Ce phénomène est un bon indicateur de développement du pays. Les deux figures suivantes en sont l'illustration.

Figure 6
Distribution des exportations 2000 par types de produits

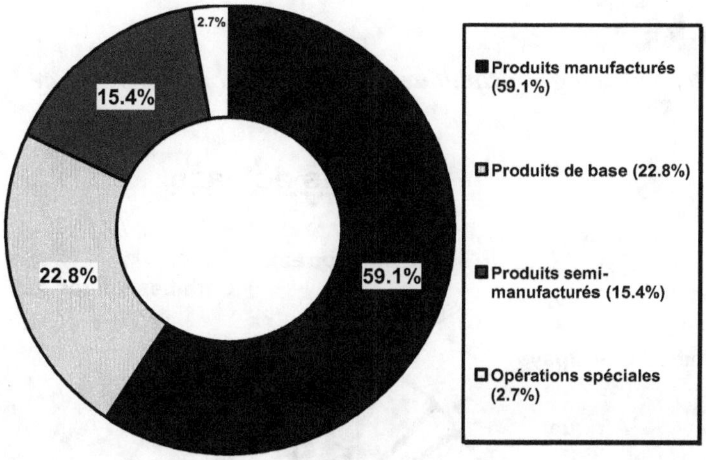

(Source : MDIC, janvier 2001)

Figure 7
Evolution 1990-2000 des exportations par types de produits (Manufacturés, semi manufacturés, produits de base)

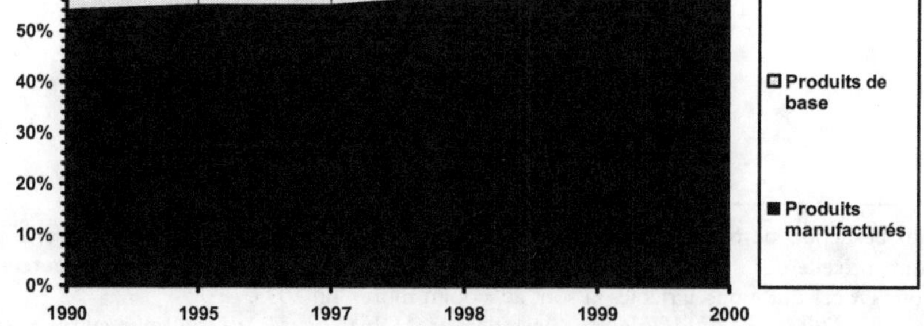

(Source : MDIC, 1990/2001)

Il faut noter que les répartitions des destinations pays par types de produits (voir figures suivantes) sont très différentes. L'UE, par exemple, qui se taille la « part du lion » (54%) pour l'importation de produits de base brésiliens[1] passe à une proportion de 31% pour les produits semi manufacturés, et à seulement 18,1 % pour les produits manufacturés.

Figure 8

Répartition géographique[2] des exportations par types de produits

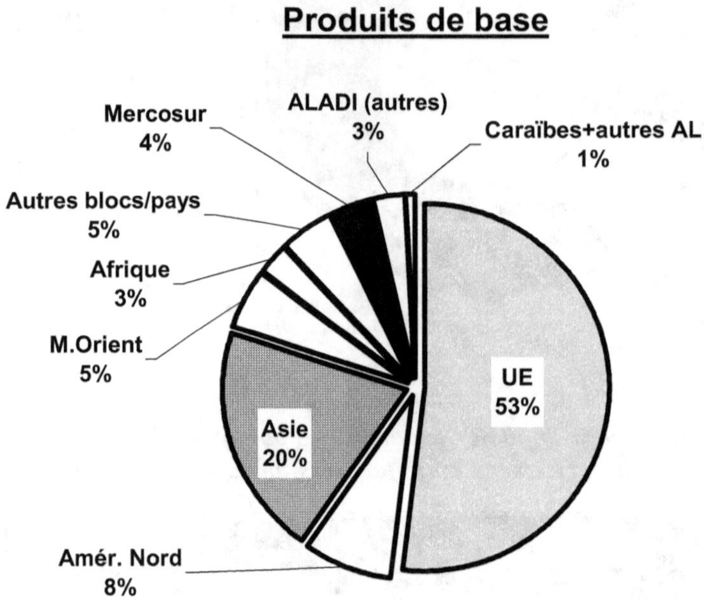

(Source : MDIC, 2001)

[1] Dont beaucoup de produits de l'agriculture : d'où l'âpreté des négociations Mercosur/UE (et notamment celle des négociateurs défendant les intérêts respectifs Brésil/France) qui butent dès le début sur ces questions agricoles et sont au « point mort » fin 2005.

[2] Légende : *Demais da ALADI*: autres pays de l'ALADI; *Outros da AL e Caribe*: autres pays de l'Amérique Latine et des Caraïbes; *Oriente Médio* : Moyen-Orient ; *Outros blocos/paises/regioes* : autres pays, blocs, régions ; *Asia (excl. Oriente Médio)* : Asie sans le Moyen Orient.

Produits semi-manufacturés

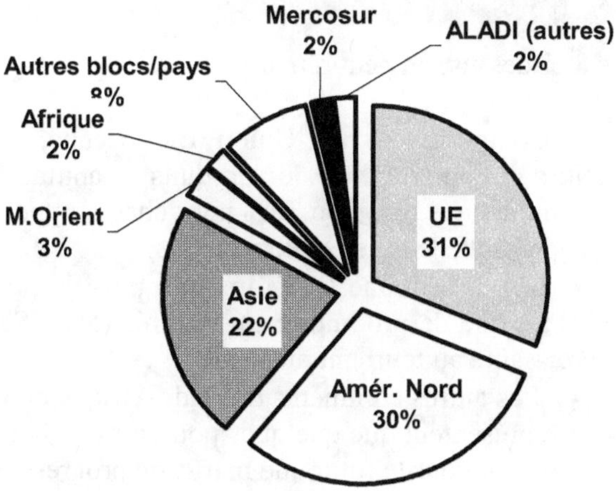

Produits manufacturés

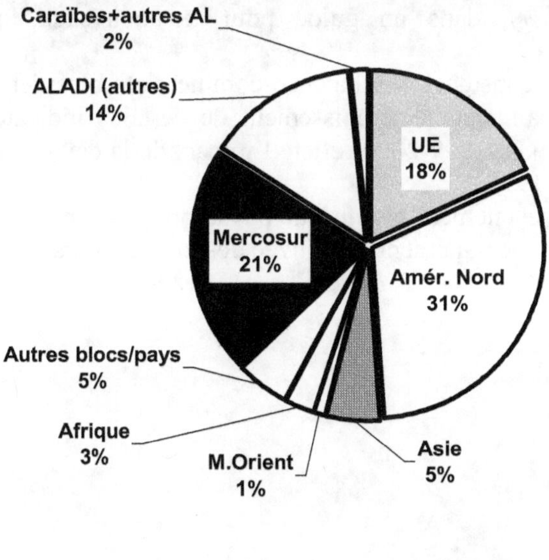

(Source : MDIC, 2001)

Sur la figure 8 ci-dessus, on peut remarquer que :

- Contrairement à l'Union Européenne, l'Amérique du Nord importe plus de produits manufacturés et semi manufacturés (environ 30% pour chaque type) du Brésil que de produits de base (seulement 8%) ;
- L'Asie, comme l'UE, importe plus de produits de base (21%) que de produits manufacturés (5%). Sa demande est croissante au tournant du siècle ;
- Les autres continents du Sud (Afrique et Moyen-Orient) ne représentent que quelques pourcents de la demande totale et offrent pour le futur une marge de progression à explorer ;
- Les pays partenaires du Mercosur importent surtout des produits manufacturés de leur grand voisin (presque 22%).

Observons maintenant les « trends » économiques chiffrés principaux de 1997 à 2000, tels que détaillés dans le tableau suivant.

Ils illustrent la bonne marche de l'économie et du commerce extérieur brésiliens, ainsi que l'état de santé financier redevenu satisfaisant du Brésil. Ils ont été répertoriés par une compagnie étrangère de Conseil *(Price Waterhouse Cooper)*, dans un guide pour les nouveaux investisseurs étrangers potentiels[1].

Sur la période considérée, la balance commerciale brésilienne retrouve l'équilibre, cependant que le fléchissement de certains indicateurs (PNB, réserves de change) en 1999-2000 reflète l'impact de la dévaluation de 50% du Réal en janvier 1999.

Par contre, cet événement n'empêche pas la progression des IDE, indice de la confiance (momentanément) retrouvée des investisseurs étrangers.

[1] Price Waterhouse Cooper, *Doing Business and Investing in Brazil*, edit. 2001, 365 pages – chiffres relevés page 32, "Major trends in the Economy".

Tableau 5:
Tendances de l'économie du Brésil

	1997	1998	1999	2000
PNB ($US milliards)	807	787	529	585
Taux de change en fin d'année (réal/$)	1,12	1,21	1,80	1,95
Déficit du secteur public (% du PNB)	6,1	8,1	10,5	4,2
Exportations ($US milliards)	53	51	48	55
Importations ($US milliards)	61	58	49	55
Balance ($US milliards)	-8	-7	-1	0
Réserves internationales de change ($US milliards)	52	45	36	32
Investissements directs étrangers ($US milliards)	17	26	30	31

(Source : PWC, 2000)

De la même source (*PWC*, p.38), nous avons extrait :

- *Tableau 6* : d'une part les principaux produits agricoles primaires exportés par le Brésil de 1997 à 1999, exprimés en $US milliards,
- *Tableau 7* : d'autre part les premiers produits industriels d'exportation de 1997 à 1999, exprimés en $US milliards.

Tableau 6
Principaux produits agricoles exportés
($US milliards)

	1997	**1998**	**1999**
Cacao	0,12	0,14	0,10
Café	3,1	2,6	2,4
Fer et autres	3,1	3,5	2,9
Viande	1,6	1,6	1,9
Jus d'orange	1,0	1,3	1,2
Soja	5,7	4,7	3,8
Sucre	1,8	1,9	1,9
Tabac (feuilles)	1,1	0,9	0,9
Total	20,3	19,1	17,6

Tableau 7
Principaux produits industriels exportés
($US milliards)

	1997	1998	1999
Produits chimiques	3,8	3,7	3,5
Equipement électrique et électronique	1,8	1,7	1,8
Produits en cuir et chaussures	1,7	1,5	1,4
Machines et instruments mécaniques	3,4	3,2	2,9
Produits métallurgiques	6,0	5,4	5,0
Dérivés pétroliers	1,0	1,0	1,2
Papier et pulpe	2,0	2,0	2,1
Produits textiles	1,3	1,1	1,2
Equipement de transport et composants	6,8	7,6	6,6
Bois	1,2	1,1	1,4
Total	53,0	51,1	47,8

(Source tableaux 6 et 7 : PWC, 2000)

En ce qui concerne les importations, nous nous contenterons de citer les chiffres[1] de 1999 (total = 49,3 $US milliards) :

-machines et matériaux électriques = 16,5
-équipements de transport et composants = 4,7
-alimentation = 2,1
-appareils de consommation courante = 0,5
-pétrole = 2,2
-produits raffinés = 2,6
-produits chimiques = 9,0
-céréales = 1,4
-engrais = 0,9
-fer et acier = 0,9
-métaux non ferreux = 3,3
-charbon = 0,6

Tableau 8
Principaux pays partenaires commerciaux en 1999
(US$ milliards)

	USA	ARGENTINE	PAYS-BAS	ALLEMAGNE	JAPON	OPEC	ITALIE	U ,K,	FRANCE
Exportation	10,8	5,4	2,6	2,5	2,2	2,4	1,8	1,4	1,2
Importation	11,9	5,8	0,6	4,7	2,6	3,8	2,6	1,2	2,0
Balance	-1,1	-0,4	2,0	-2,2	0,4	-1,4	-0,8	0,2	-0,8

(Source : PWC, 2000)

[1] Source : Ibidem, page 39.

Le tableau ci-dessus donne le classement des premiers pays partenaires du commerce extérieur du Brésil en 1999 (année où les IDE étaient maintenus au chiffre élevé de l'année 1998 : 28,5 $US milliards, une progression étonnante comparée aux 5,0 de 1994).

Notons cependant, que si l'on considère les grandes unions économiques régionales, l'UE serait le 1er client ($US 13,6 milliards) et le 1er fournisseur (15,0) du Brésil devant les USA (respectivement 10,8 et 11,9) et même l'ALENA et l'Amérique du Sud. Le tableau suivant donne, pour les années 1998, 1999 et 2000, les chiffres des exportations et importations brésiliennes avec les principaux blocs de pays.

Tableau 9
Principaux blocs régionaux partenaires commerciaux du Brésil
Période 1998-2000
(US$ millions)

Blocs régionaux	**% Exportations 2000**	**% Importations 2000**
Nafta	28.1	26.4
Mercosul	14	14
Pacte Andin	0.8	0.8
MDCA+ Caricom	0.9	0.2
ALADI (sauf Mercosul)	9.4	6.9
Union Européenne	26.8	25.2
Asie	11.5	15.4
Moyen-Orient	2.4	2.8
Afrique	2.4	5.2
Total Brésil/Monde	100	100

(Source : MDIC, SECEX, système Alice, 2001)

CHAPITRE 3
LE BRESIL DE CARDOSO ET LE MERCOSUR

31- QU'EST-CE QUE LE MERCOSUR ?

Dès le 30 septembre 1985 était signé l'« Accord d'Itaipu » par les présidents Sarney et Alfonsin, aboutissement d'un processus de rapprochement et de début d'intégration entre les marchés du Brésil et de l'Argentine.

Par la suite, le «Traité d'Asuncion[1] » qui a réellement institué le début du « Mercosur », a été signé le 29 mars 1991, entre Brésil, Paraguay, Uruguay et Argentine, zone qui cherche à s'intégrer régionalement, totalisant un espace économique de 11 862 000 km2, habité par plus de 210 millions de personnes, et qui représentent en 1998 un PIB total de $US 82 milliards.

On voit qu'une importante coopération s'est instaurée dans la dernière décennie du XXème siècle entre les deux géants du Sud du continent, phénomène marqué par la croissance accélérée du commerce interne à la zone, suivi d'investissements croisés et, accompagnant le processus, un approfondissement des institutions communes. Le modèle suivi était celui de l'UE bien plus que celui d'une simple zone de « libre-échange » comme l'ALENA. Il avait donc vocation à se poursuivre en profondeur, ce que vint interrompre la crise argentine de 2001.

Or, à l'agenda de ces pays dès 1995 (sous l'impulsion continue du président brésilien Fernando Henrique Cardoso) figuraient les étapes de l' « harmonisation » ou de la « coordination » des politiques macro-économiques respectives, préalables à une hypothétique monnaie commune (encore largement hors de portée au début du XXIème siècle).

[1] Capitale du Paraguay.

Le Protocole Additionnel d'Ouro Preto[1] vint renforcer les avancées intégratrices du Mercosur sur le plan institutionnel. En avril 2000, les Ministres des Relations Extérieures de l'Argentine et du Brésil signèrent un *«documento reservado »*, destiné à diminuer l'impact institutionnel de crises au sein d'un ou plusieurs pays du Mercosur et prévoyant une date (mars 2001) pour le début du processus de rapprochement des « politiques économiques » nationales. Trois pays d'Amérique du Sud ont obtenu le statut de « membre associé » du Mercosur : ce sont le Chili, la Bolivie et le Pérou. Par ailleurs, le Chili a signé un accord direct avec l'UE. Enfin les relations entre les deux blocs sud-américains que sont le Mercosur et la CAN[2] semblaient devenir plus étroites à partir de 2002.

Figure 9 : Le Mercosur[3] dans le monde

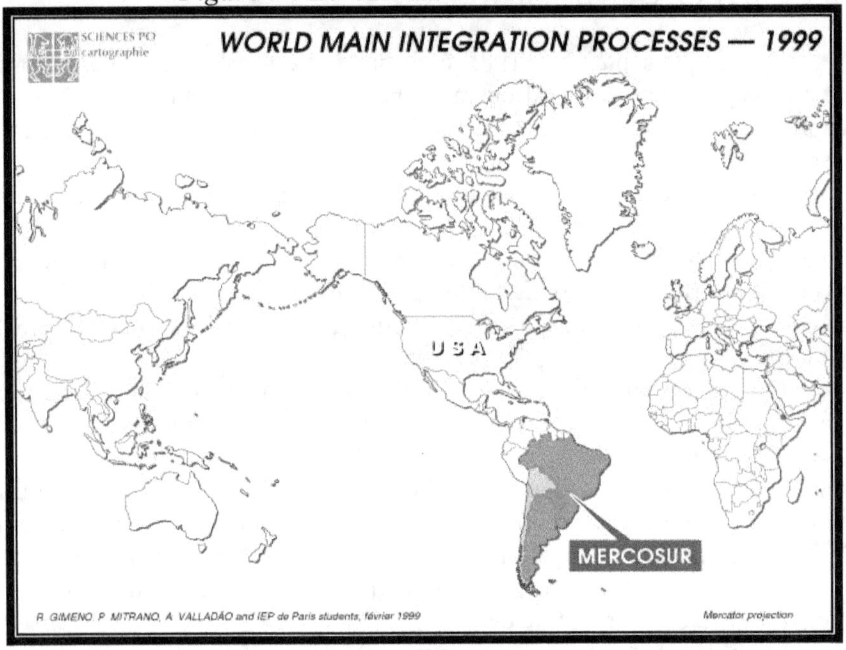

(Source : IEP cartographie, 2000)

[1] Ancienne ville minière (le nom « Ouro Preto » signifie « Or Noir » en portugais) de l'époque coloniale, située dans l'Etat de Minas Gerais (littéralement : « les Mines Générales »), Brésil (capitale : Belo Horizonte). Toutes ces mines (or, argent, plomb,....) sont fermées aujourd'hui, sauf une ancienne mine d'or à 10 km d'Ouro Preto, dont le puits et les galeries sont ouverts aux touristes. La ville ancienne est parfaitement conservée et l'Ecole des Mines d'Ouro Preto (jumelée avec celle de Paris) est très réputée.

[2] Communauté Andine des Nations : bloc régional à vocation économique qui regroupe la Bolivie, le Chili, la Colombie, l'Equateur, le Venezuela. Le Pérou a le statut de membre associé de la CAN.

[3] La Chaire Mercosur de Sciences Po. Paris (IEP), créée en 1997, dirigée par le brésilien Alfredo Valladao, publie des études sur la région et notamment sur les négociations Mercosur/UE (voir Bibliographie, Mémoires). Elle édite aussi des documents cartographiques et statistiques.

32- LES ECHANGES COMMERCIAUX DU BRESIL AVEC LE MERCOSUR

Le dynamisme du Brésil au sein du Mercosur est démontré par la donnée suivante: la valeur totale des échanges avec les pays du Mercosur est passé de US$ 3,64 milliards en 1990 (année qui précède la signature du Traité d'Asunción) à US$ 12,97 milliards en 1995 (première année de fonctionnement de l'union douanière), ce qui représente une croissance de 256% des échanges commerciaux.

Un autre aspect de ce dynamisme concerne l'importance croissante des échanges industriels, élément indicatif d'un meilleur usage des économies d'échelle grâce à la croissance du marché régional.

Depuis plus de 10 ans donc, le Marché Commun des pays du Sud de l'Amérique du Sud (Mercosur) absorbe plus de la moitié des exportations de l'Uruguay (55%) et du Paraguay (61%), et une part importante des 2 autres grands pays (36% pour l'Argentine).

En 1998, le Brésil exportait par exemple $US 8,9 millions de produits (17% de ses exportations totales) vers les trois autres pays du Mercosur sur un total échangé de $US 15 millions. Le tableau ci-dessous donne une vision sur une décennie de l'évolution des échanges Brésil-Mercosur :

Tableau 10
Participation (%) du Mercosur au commerce extérieur du Brésil de 1991 à 2000

	91	**92**	**93**	**94**	**95**	**96**	**97**	**98**	**99**	**00**
Exportation	**7,3**	**11,4**	**14,0**	**13,6**	**13,2**	**15,3**	**17,1**	**17,4**	**14,1**	**14,0**
Importation	**10,8**	**10,9**	**13,4**	**13,9**	**13,8**	**15,5**	**15,8**	**16,4**	**13,6**	**14,0**

(Source : MDIC[1])

33- LES RELATIONS MERCOSUR/BRESIL ET UE

Fin juin 1999 se tint à Rio de Janeiro le premier sommet des chefs d'état et de gouvernement de l'Union Européenne d'une part, et d'Amérique Latine et Caraïbes d'autre part. Elle marqua la fin d'une étape de

[1] Ministère brésilien du Développement, de l'Industriel et du Commerce ; site internet : www.mdic.org.br

rapprochement entre ces deux grandes régions. L'objectif était de rechercher une association stratégique entre les deux zones pour aborder le XXIème siècle.

L'UE cherchait alors à se consolider comme un acteur mondial à vocation globale : en se rapprochant de l'Amérique latine, elle trouvait un associé privilégié, héritier d'une histoire commune UE/Amérique Latine, avec des caractères culturels et politiques partagés.

En décembre 1995 fut signé à Madrid un *« Accord-Cadre Inter-Régional de Coopération »* entre le Marché Commun du Sud (Mercosur) et ses Etats d'une part, et l'Union Européenne (UE) et ses Etats-membres d'autre part, premier accord entre les deux unions douanières.

Après ratifications, l'accord entra en vigueur en juin 1999. L'effet avec anticipation sur l'augmentation des importations du Mercosur en provenance de l'UE est très net à partir de 1993 sur le graphique ci-dessous :

Graphique 1
Commerce extérieur du Mercosur avec l'UE (1990-1999)
($US millions)

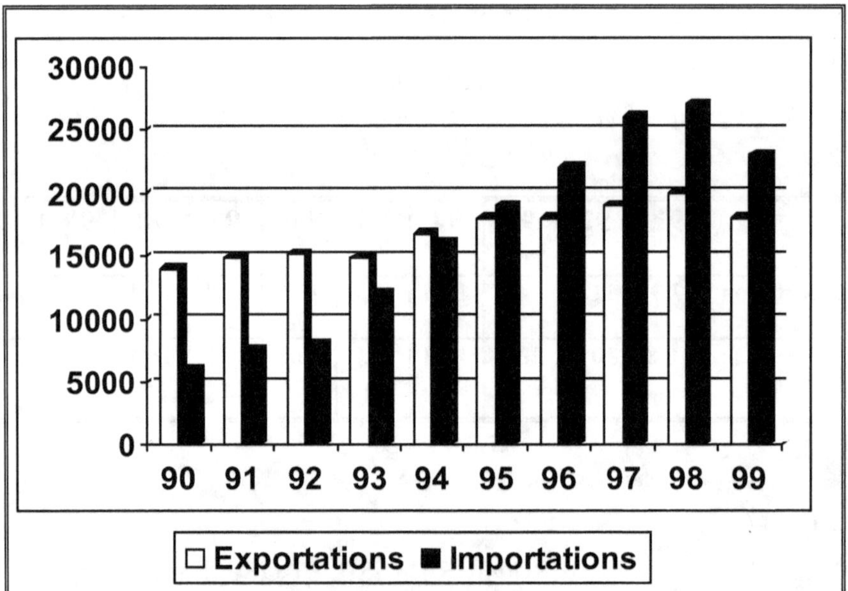

(Source[1] : Anuario Brasil-Europa, p.140)

[1] Vega (Rodrigo), *« Grandes tendencias das relaçoes entre a UE e o Mercosul »*, p. 140 – in « Anuario Brasil-Europa 2000 », edit. Fondation Konrad Adenauer, 2000, Sao Paulo.

Durant les années 90, la croissance du commerce entre ces deux blocs régionaux fut la plus rapide connue parmi les blocs et régions du monde. L'UE est surtout exportatrice de biens de capital, automobiles et autres produits de technologie avancée. La moitié des exportations du Mercosur vers l'UE sont des produits agricoles et d'élevage. Les exportations du Mercosur vers l'UE atteignirent 25,6% du total en 1999, contre 18% vers les USA.

L'UE est le principal client du Mercosur en ce qui concerne les produits agricoles. Ces exportations agricoles sont vitales pour la sous-région, atteignant 57% des exportations du Brésil. Les produits sont nombreux et souvent de faible valeur ajoutée (farine de soja, papayes, mangues, pommes, poulets, raisins, canne à sucre, poivre).

Les négociations sur les barrières tarifaires et sanitaires pour l'agriculture ont été ardues entre l'UE et le Mercosur, d'autant que le nombre de produits agricoles européens exportés vers le Mercosur est très limité : vers le Brésil par exemple, seulement de l'huile d'olive, des vins et du champagne[1].

Le commissaire européen Pascal Lamy[2] visitant le Brésil en 2000 déclara à la presse : « Nous sommes en train d'essayer d'être plus consistants dans notre dialogue et coopération avec le Brésil et le Mercosur. [...] L'UE, qui représente une économie très ouverte, se prépare déjà à octroyer une entrée plus grande à ses marchés, surtout en ce qui concerne les exportations agricoles de pays tiers. »

D'après Pratini de Moraes, ministre brésilien de l'agriculture du second mandat de FHC, ces paroles venaient à point, mais il précisait cependant que « les relations avec l'UE ne changeraient que lorsque le Brésil arrêterait de perdre $US 6 milliards dans ses exportations agricoles vers le Marché Commun européen, comme ce fut le cas en 1999. Les barrières non-tarifaires sont le nouveau nom pour désigner le protectionnisme de l'UE. »[3]

En novembre 2000, Brasilia fut le théâtre du 3e round de négociations du Comité bi-régional ; les discussions se focalisèrent sur les barrières non-tarifaires. Peu de progrès furent réalisés, alors que l'UE allait bientôt s'ouvrir à dix autres pays (2004), dont certains en retard économiquement sur le Brésil.

Depuis, les négociations achoppent toujours sur ces questions agricoles, notamment entre la France et le Brésil.

---

[1] Valladao, (Alfredo), *Agriculture and agribusiness in the UE-Mercosur negotiations*, p.15 - chaire Mercosur de Sciences Po., 2003, éditions de Sciences Po, Paris.

[2] Pascal Lamy a souvent eu un dialogue plutôt difficile sur ces sujets avec les Brésiliens, notamment avec le Ministre de l'agriculture de FHC, Pratini de Moraes, francophone jovial et bon vivant, grand amateur et promoteur de viande de bœuf brésilienne et de musique de *« chorinho »*.

[3] Trein, (Franklin), *As relaçoes Brasil-União Europeia : ano 2000,* page 174 – in « Anuario Brasil-Europa : Instituçoes e Integração », fondation K. Adenauer, 2000, São Paulo.

Graphique 2
Commerce du Brésil avec l'UE

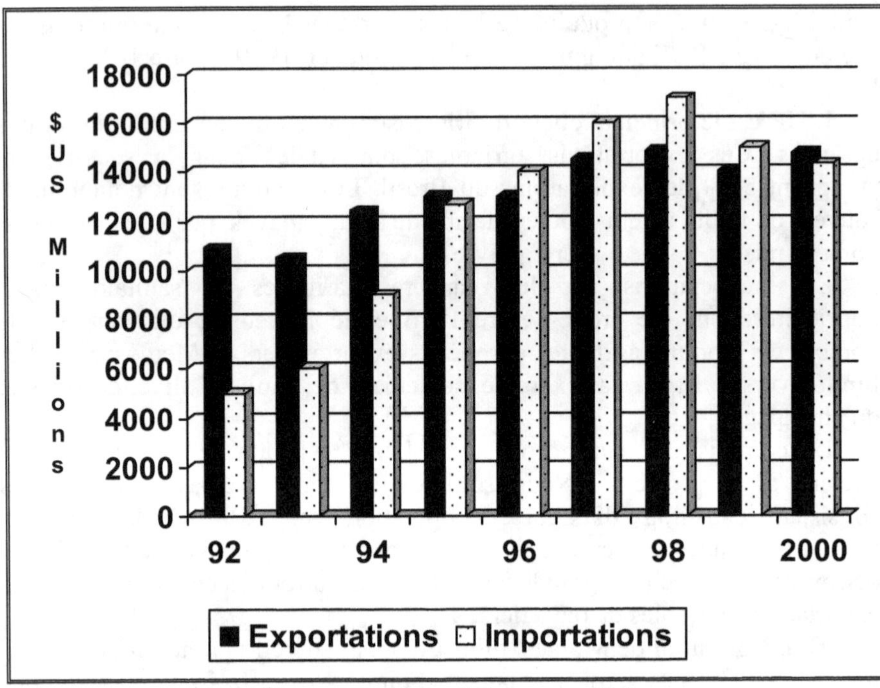

(*Source : Anuario Brasil-Europa, page 231*)

34-LE MERCOSUR FACE A LA PERSPECTIVE DE L'ALCA

Quand les USA annoncèrent la création de l'ALENA, en réaction à l'établissement de relations privilégiées entre l'UE et le Mercosur, le Brésil répondit avec la création de l'*Aire de Libre-échange Sud-américain* (1993), dans une stratégie de cercles concentriques de commerce et de paix autour du Mercosur. La Bolivie et le Chili devinrent ensuite membres associés du Mercosur. Depuis l'arrivée de Hugo Chavez au pouvoir, le Venezuela aussi se rapproche du Mercosur (et s'éloigne des USA). En 2000, le Brésil de FHC exporte aussi un nombre croissant de produits industriels vers le Mexique (automobiles par exemple).

L'objectif affiché de l'administration G.W.Bush, au démarrage de son premier mandat, d'accélérer (pour fin 2005) la mise en place de la Zone de

Libre-échange des Amériques (ZLEA ou ALCA) rendit cruciale la question de l'avancée des négociations Mercosur/UE.

Dans ce contexte, la construction de l'ALCA apparaissait bien comme une initiative essentiellement politique, stratégique, au service prioritairement des USA.

La perspective US de réorganiser ainsi l'ordre panaméricain et mondial à sa main a été qualifiée de *« stratégie de la langouste »*[1] : l'ALENA serait la tête de l'animal, le centre névralgique. Toute l'Amérique Latine : la queue, réserve de ressources. Les antennes et les pattes se projettent vers le Pacifique et l'Atlantique, appuyant des bases et alliances militaires en Asie et en Europe.

Face à ce phénomène perçu comme un danger, le Brésil, à travers le Mercosur, travailla à élargir sa zone d'influence à travers l'Atlantique Sud vers l'Afrique (Afrique du Sud, Angola), rencontrant un écho très favorable chez Nelson Mandela puis Thabo Mbeki.

La coopération entre Mercosur et Afrique australe (bloc régional de pays) fut scellée dans l'initiative de la *« Zone de Paix et de Coopération de l'Atlantique Sud »* : la présence du président Mandela à Ushuaia (Argentine) pour une réunion des chefs d'Etat du Mercosur donna un éclat notable à cette initiative (dont la paternité revient aux présidents Cardoso et Mandela).

Le président FHC met à profit ses nombreux voyages en Europe courant 2000 pour faire passer ses messages stratégiques d'alliance.

Ainsi à Lisbonne le 8 mars 2000 déclare t-il:

« Le Brésil est attentif au sort de la démocratie dans tout le monde lusophone. En Angola, où surgissent des espérances de consolidation du processus démocratique, il est essentiel que l'UNITA renonce à la lutte armée. […] A Timor Est, qui deviendra le 8e pays de langue portugaise, nous sommes engagés à coopérer avec la fondation et le développement de ce nouvel Etat. […] Nous lutterons là-bas pour que, comme au Mozambique, puissent vaincre la dignité sociale et l'espérance. […] Le Portugal[2] peut compter sur le Brésil pour donner une nouvelle impulsion à l'association entre l'Union Européenne et le Mercosur. L'UE est notre partenaire privilégié, comme le désire d'ailleurs le Portugal. »[3]

---

[1] Expression imagée de Valladao (Alfredo) dans: *« The cost of opting out: the EU-Mercosur agreement and the free trade area of the Americas »*, Working Group on EU-Mercosur Negotiations, Research program 2002-2003, Chaire Mercosur de Sciences Po, Edit. IEP, Paris, 2003, 140 pages. Valladao est un économiste et géopoliticien « carioca » (originaire de Rio de Janeiro), ancien journaliste à *« Libération »*. Il a beaucoup œuvré depuis cinq ans pour la réussite des négociations UE-Mercosur, organisant des sessions de pré-négociations officieuses et informelles (notamment sur la question épineuse de l'agriculture) entre les diplomates et négociateurs des deux groupes régionaux, soit au Brésil (souvent à l'ancien Palais Itamarati à Rio) soit en Europe (souvent à l'IEP, Paris).

[2] 5e partenaire commercial du Brésil (1999).

[3] Discours de F.H. Cardoso du 8/3/2000 à Lisbonne, devant la Session Solennelle de l'Assemblée de la République Portugaise.

Toujours à l'initiative du Brésil, des contacts furent aussi établis à travers le Pacifique (ASEAN[1], Chine, Japon). Ce qui amena la secrétaire du commerce[2] du président Clinton à déclarer au Sénat US :

« L'intérêt croissant qu'éveille le Mercosur, non seulement en Amérique du Sud et Caraïbes, mais aussi en Europe, au Japon et en Chine, est ressenti par nous comme une menace aux intérêts commerciaux et au leadership des Etats-Unis dans l'hémisphère.[3] » En visite en Allemagne trois mois plus tard, FHC ajoute : « L'action désordonnée des marchés rend plus difficile pour les pays émergents la gestion de politiques publiques durable. [...] Les récents échos de Seattle, Davos et des forums de *Bretton Woods* montrent que nous avons encore un long chemin à parcourir. [...] Une Amérique du Sud unie et plus intégrée va dans le sens de l'effort d'association entre le Mercosur et l'UE. Si nous sommes plus unis à nos voisins, plus grandes seront les possibilités commerciales et les gains d'échelle pour les initiatives communes avec notre partenaire européen. »[4]

Le Brésil apparaît bien comme la pièce-clé de l'Amérique Latine dans les initiatives stratégiques et économiques du continent et la résistance à l'hégémonie nord-américaine.

Mais la crise asiatique puis la russe en 1998 provoquèrent des fuites de capitaux hors de la sous-région, notamment du Brésil (perte de 50% de ses réserves de change). Le Brésil fut contraint de procéder à une forte dévaluation de son réal en janvier 1999, ce qui marque le début d'un affaiblissement de quelques années du Mercosur, aggravé par la crise argentine.

L'agitation des milieux financiers internationaux pendant la campagne présidentielle brésilienne de 2002 complète le tableau, faisant plonger le réal.

Les échanges commerciaux entre le Brésil et l'Argentine amorcent alors une chute vertigineuse.

---

[1] Association des pays du Sud-est Asiatique, qui regroupe dix pays de la région Asie SE. La BAD (Banque Asiatique de Développement) joue un rôle important dans leur réseau d'échange monétaire. C'est en marge de la Conférence annuelle 2005 de la BAD à Istanbul que l'ASEAN vient, le 6 mai, de décider conjointement avec la Chine et le Japon « d'élargir leur réseau vers la création d'une forme de fonds monétaire asiatique virtuel. Les responsables financiers des 13 états... sont apparus déterminés à transformer leurs divers accords bilatéraux en une sorte d'accord multilatéral... afin de protéger la région d'une turbulence similaire à celle de 1997. » (*Les Echos* du lundi 9 mai 2005, page 8)

[2] Charlene Berchefsky.

[3] Fagundes Visentini (Paulo), *A ALCA, a crise do real e o futuro do Mercosul*, page 158, in « Anuario Brasil-Europa 2000 ».

[4] Discours de F.H.Cardoso du 31/5/2000 à Hanovre (Allemagne), à la Cérémonie d'Ouverture de l'Exposition Universelle de l'An 2000.

DEUXIEME PARTIE

LES INNOVATIONS DU PRESIDENT LULA

CHAPITRE 1
L' ELECTION PRESIDENTIELLE D' OCTOBRE 2002

11- LA CRISE DE CONFIANCE FINANCIERE AVANT L'ELECTION

Dès mi-2002, pendant la longue campagne électorale présidentielle brésilienne, certains analystes financiers auprès d'organes internationaux à Washington et de grandes banques étrangères à New-York, Tokyo, Madrid et Londres, firent état auprès des marchés et des investisseurs de leurs craintes d'une arrivée désormais possible du candidat de la gauche radicale au pouvoir à Brasilia.

Rapidement, le Réal fut attaqué et, par un effet d'entraînement pervers, chuta sous le taux de 3 Réais pour 1 $US (de 0,56 $ pour 1 Réal en août 2000 à 0,29 $ pour 1 Réal en août 2002).

Les IDE suivirent cette chute et se tarirent; la récession montra le bout de son nez ; corrélativement, le risque pays[1] s'envolait : de 840 points en janvier 2002, il passa à 1760 fin juin 2002, puis à 2380 à mi-août 2002.

La dette extérieure, libellée en dollars, de même que ses intérêts, atteignit le taux excessif de 63% du PIB.

Cependant, conscient du danger de contagion à tout le continent, le FMI renouvela publiquement sa confiance au pays et à ses dirigeants mais fut à nouveau obligé d'intervenir en promettant un prêt record de 30 milliards de $US supplémentaires (cependant que l'Argentine, que le FMI tenait plus serrée dans ses filets, n'obtenait que très peu du même organisme international), sous réserve de la promesse formelle par le gouvernement Cardoso d'une hausse de la fiscalité et de l'atteinte d'un excédent primaire de 3,75%.

---

[1] Indicateur financier élaboré par la banque JP Morgan : il est calculé sur la base de la variation du prix des titres de la dette externe du pays concerné, sur le marché international. Il reflète donc le degré de confiance des investisseurs étrangers.

12- LES RESULTATS DE L'ELECTION PRESIDENTIELLE

C'est dans ce contexte troublé sur les marchés que Lula est élu, le 27 octobre 2002[1], au 2e tour de l'élection présidentielle brésilienne avec 61,3% des suffrages exprimés : jamais, avant lui, un chef d'Etat brésilien n'avait obtenu autant de voix.

Et pour la première fois, un chef de l'Etat fédéral brésilien de gauche était élu au *Planalto*[2].

Il entre en fonctions comme Président de la République Fédérative du Brésil le 1er janvier 2003. Ce jour-là, 200 000 personnes enthousiastes envahissent avenues et pelouses devant le Congrès et la Présidence à Brasilia. Plus de trois quarts (76%) des brésiliens estiment alors que l'action du nouveau président serait bonne à très bonne[3].

Le site Internet de la CIA[4] affiche la victoire de « Lula », candidat de la gauche radicale brésilienne.

13- QUI EST LUIS IÑACIO DA SILVA ?

Luis Inacio Da Silva, dit « Lula », est né en 1945 d'une famille très pauvre. Il a connu la misère, la faim, l'exode rural et la précarité, ce qui le différencie de ses 30 prédécesseurs à la présidence.

Après seulement 3 années d'école primaire et quelques petits métiers, il devient ouvrier sidérurgiste.

A 30 ans, il est élu président du syndicat des métallurgistes des 2 principaux états industriels du pays.

Lula passe auprès de l'opinion publique de son pays pour l'homme politique le plus sincère et le moins corrompu. Il a continuellement dénoncé la concentration des richesses : 10% des Brésiliens les plus riches détiennent 4.5 fois plus de richesses que 40% des plus pauvres ; le Brésil est le 7e marché de consommation de la planète mais 30% des brésiliens n'y ont pas accès.

---

[1] Le jour de ses 57 ans.

[2] Nom du Palais Présidentiel à Brasilia, œuvre de l'architecte brésilien Niemeyer (disciple de Le Corbusier ; né en 1907, il réside encore à Rio en 2005 ; une exposition lui rendant hommage a eu lieu en 2004 à l'Orangerie à Paris).

[3] Sondage Data-Folha du 1er janvier 2003.

[4] Central Intelligence Agency, agence de renseignements des USA ; site : www.cia.org : "President Luis Inacio "Lula" DA SILVA (since 1 January 2003); Vice President Jose ALENCAR (since 1 January 2003); note - the president is both the chief of state and head of government elections: president and vice president elected on the same ticket by popular vote for four-year terms; election last held 6 October 2002 (next to be held NA October 2006); runoff election held 27 October 2002 election results: in run-off election 27 October 2002, Luis Inacio "Lula" DA SILVA (PT) was elected with 61.3% of the vote; Jose SERRA (PSDB) 38.7%."

Figure 10 : Lula, caricature 2003

(Source: www.votuporanga.com.br)

« En 1979, lors de la grève des métallurgistes, il gagne une notoriété nationale….Brièvement emprisonné par le régime militaire, il profite du multipartisme pour fonder en février 1980 le « Parti des Travailleurs » (PT, gauche radicale). En 1986, il est le député le mieux élu du PT….Alors que le PT devient le seul parti à bénéficier d'une réelle implantation nationale et conquiert peu à peu les mairies de plusieurs grandes villes et quelques gouvernorats[1], Lula dispute en 1989, 1994 et 1998 l'élection présidentielle. Toujours second, notamment en raison des réticences du PT à s'allier à des formations de gauche modérée, il obtient chaque fois plus de voix (33% en 1998). »[2]

---

[1] Le Brésil est une fédération de 26 Etats (avec chacun son gouverneur et son gouvernement) et un District fédéral (Brasilia).
[2] Dictionnaire Historique et Géopolitique, p. 427.

CHAPITRE 2
LES PRIORITES COMMERCIALES DU PRESIDENT LULA

21- ORTHODOXIE FINANCIERE ET CONFIANCE DES MARCHES

Ayant pris la mesure de la panique des milieux financiers internationaux du 2eme semestre 2002, Luis Inacio Lula da Silva, dit Lula, élu président, leur a immédiatement donné de nombreux gages de saine et bonne gestion. Il a déclaré dès sa prise de fonction qu'il respecterait tous les engagements pris par le pays, notamment en matière de contrôle de l'inflation et d'excédent primaire du budget de l'Etat (3,75% au moins : engagement FHC auprès du FMI).

Son ministre des Finances, bien que médecin de métier et maire d'une ville moyenne de l'Etat de São Paulo, a rassuré les marchés et les analystes dès les premiers mois de 2003 par ses premières mesures et son orthodoxie financière (qui n'était pas attendue de la part de « ténors » du PT).

En 2004, Antonio Palocci, ministre des Finances, déclarait : « A long terme, rien de mieux qu'une bonne discipline budgétaire et un combat permanent contre l'inflation pour garantir le progrès social. Cette discipline, qui est également monétaire, empêche que l'inflation ne rogne le revenu des plus pauvres. A elle seule, la croissance ne suffira pas à résoudre les problèmes du Brésil, du fait de la mauvaise distribution des revenus dans le pays. »[1]

De plus, la nomination par Lula d'un partisan politique de Cardoso (Henrique Meirelles), dirigeant d'une grande banque US[2], à la tête de la Banque Centrale du Brésil (organisme indépendant sous Cardoso et qui le reste sous Lula) surprit et rassura.

---

[1] Cité par « Les Echos » du mercredi 22 septembre 2004, page 9 : « Un pari gagné pour Lula ? »
[2] Bank Boston.

Une divine surprise donc pour Bretton Woods[1] et les grands « argentiers » du monde. Lula a su composer son équipe gouvernementale avec sagesse, prenant les compétences hors du PT si nécessaire.

Le Ministre du Commerce Extérieur, Luiz Fernando Furlan, était un grand exportateur de volailles et vice-président de la FIESP[2]. Le vice-président de la république est José Alencar Gomes da Silva, qui fut le dirigeant du plus grand groupe textile brésilien.

D'abord surpris, les marchés et les grandes institutions financières internationales versèrent au fil des mois dans une euphorie d'autant plus exagérée que la peur avait été grande (et surdimensionnée).

Avant mi-2003, le DG du FMI alla jusqu'à présenter le Brésil de Lula comme un modèle de stratégie économique. Un climat de « lune de miel » s'instaura et le risque pays ne tarda pas à diminuer de manière continue dans les premières semaines et premiers mois de 2003. « La surprise est aujourd'hui de voir la croissance renaître sans desserrement du crédit, preuve de retour de la confiance ....Moins de deux ans après l'accession de Lula à la présidence, le moteur de l'économie semble enfin en marche. Le pari de l'ancien syndicaliste n'était pas gagné d'avance : relancer la croissance par les réformes tout en restant intraitable sur la rigueur budgétaire, le contrôle de l'inflation, et le niveau des taux d'intérêt, avant de vraiment s'attaquer à la politique sociale. Cette relance tous freins serrés a payé. »[3]

22-PRIORITE AU MERCOSUR : INTEGRATION DE L'AMERIQUE DU SUD

Le discours d'intronisation du président Lula début janvier 2003 donne les grands axes de ses priorités, tant sociales et nationales (programme *« Fome Zero[4] »,* réformes urgentes : réforme des retraites, réforme fiscale, ; les deux ont été menées à bien avant fin 2003) que diplomatiques et commerciales : utiliser la politique commerciale pour créer une croissance économique durable ; accélérer une intégration régionale du continent sous leadership brésilien ; devenir le porte-parole et leader des pays émergents du Sud).

---

[1] Siège à Washington du FMI, de la Banque Mondiale et autres institutions financières internationales.

[2] Fédération des Industries de l'Etat de Sao Paulo, sorte de MEDEF local. Rio de Janeiro a son équivalent avec la FIRJAN (Fédération des Industries de l'Etat de Rio de Janeiro).

[3] Bastien (Daniel) et Ogier (Thierry), Les Echos, *"Brésil: pari gagné pour Lula?",* P. 9, 22/09/2004.

[4] Le programme *« Faim zéro »,* engagement électoral de Lula, connaît un démarrage difficile, notamment pour des questions d'organisation. Chaque brésilien doit pouvoir faire quotidiennement 3 repas, si possible à 1 Réal chacun. De 40 à 50 millions de sous-alimentés seraient concernés, dont beaucoup dans le Nordeste.

Le Ministre des Relations Extérieures de Lula, Celso Amorim a rappelé ces priorités diplomatiques et commerciales en avril 2003[1] :

« Our chief priority is South America. The aim of having a politically stable, socially fair and economically prosperous South America is an objective to be pursued not only out of a natural sense of solidarity, but also in order to achieve further progress and well-being. The united economy that we seek will be built on a foundation of free trade and projects for an infrastructure common to all the South-American countries. [...] In all my contacts, and those of President Lula with other presidents which I have witnessed, I have found that there is enormous interest, not only in participating in projects but in the reforming energy expended in the social sphere, that is the hallmark of the present government. [...] The revivification of Mercosul[2]: the objective is to do more than liberalize the flow of external inter-zonal trade, consolidate the Customs Union and make progress towards a Common Market. [...] With regard to the integration of Mercosul, the Lula government undertakes to play its part towards the elimination of barriers and to strengthen internal cohesion. We acknowledge the fact that, as the largest economy, we have special responsibilities, and that what is required of us is not only a clear strategic vision but also, quite often, generosity. We shall do everything within our reach to prevent bureaucracy from impinging on the political. The social dimension of the integration process is already being enhanced. Political integration may ultimately require the creation of a Mercosul Parliament, a matter we have already begun to explore with out neighbours. The Economic Complementation Agreement concluded with Chile and Bolivia and the deepening of economic and trade relations with the northern countries of South America are essential aspects of the project to create a common integrated space. »

Dès 2003, les flux commerciaux entre le Brésil et la région (le *« cône sud »*) ont augmenté de 26%. Ainsi se concrétisent, avec cette volonté politique partagée et la récupération de l'économie argentine, les efforts de relance du Mercosur, accompagnés de grandes avancées concernant le renforcement des institutions communes. Pour Lula, le Mercosur agit comme le noyau central de la stratégie diplomatique et commerciale.

D'où toutes les initiatives de consolidation et d'élargissement de l'intégration du *« Cône sud »* et d'alliances avec d'autres intégrations régionales déjà constituées.

---

[1] Conférence donnée à l'Institut Rio Branco (Brasilia) par le Secrétaire d'Etat Brésilien aux Relations Extérieures, Celso Amorim, le 10 avril 2003. Amorim y rappelle avec force l'importance primordiale de l'intégration de l'Amérique du Sud pour le Brésil et son président, le rôle accru souhaité pour le Mercosur, en marche vers un futur Marché Commun, à l'image de l'UE, sans barrières d'aucune sorte et sans oublier les aspects sociaux. Les récents accords du Mercosur avec la Bolivie et le Chili illustrent enfin sa volonté d'élargissement.

[2] *Mercosur* (espagnol) se dit *Mercosul* en brésilien.

Ainsi de la Communauté Andine des Nations ou CAN :

« Le Brésil conçoit l'intégration entre le Mercosur et la Communauté Andine comme un moyen de refléter le poids des deux blocs. L'intégration économico-commerciale n'est pas une fin en soi. Nous devons avoir la sagesse de trouver des solutions aux problèmes communs. » déclare encore Lula en juillet 2003 lors du 14e sommet de la CAN qui s'est tenu à Rio Negro (Colombie).»[1]

Un quotidien du soir français rapporte cette véritable profession de foi qui éclaire l'action du président Lula :

« Nous voulons que le Mercosur soit plus qu'une union douanière. Nous voulons qu'il puisse se transformer en une zone de convergences des politiques actives dans les domaines industriel, agricole, social, scientifique et technologique. Un Mercosur consolidé et élargi aura une politique étrangère commune qui renforcera notre crédibilité pour le dialogue avec l'Union Européenne et les Etats-Unis, notamment dans les négociations visant à la création d'une « *Zone de Libre-Echange des Amériques*[2] ». L'augmentation de nos exportations est fondamentale pour insuffler un nouveau dynamisme à notre système de production et pour que nous puissions équilibrer nos comptes extérieurs. Dans ce sens, l'ouverture du marché nord-américain aux produits brésiliens présente une importance capitale. »[3]

Signe d'une évolution du grand voisin du nord, lors de sa première visite en Amérique Latine, entamée par le Brésil, la nouvelle Secrétaire d'Etat américaine, Condoleeza Rice, à l'instar de son prédécesseur Colin Powell, a reconnu que « Le Brésil est une puissance régionale » et « l'excellent travail du Brésil » à la tête de la Minustah[4] , ainsi que le rôle « modérateur » que ce pays joue – et devra continuer à jouer d'après Condoleeza Rice - sur le continent, notamment pour « contenir » le président Chavez, « bête noire » des USA.

Il est vrai que « Lula a envoyé José Dirceu[5] à Caracas pour faire revenir Chavez sur sa décision de mettre fin à l'accord militaire qui liait le Venezuela et les USA. [...] La médiation du Brésil est d'autant mieux acceptée dans la région que Lula cultive son indépendance à l'égard de Washington. »[6]

---

[1] *Courrier International* numéro 674 du 06/10/2003.
[2] ZLEA en français ou ALCA en anglais.
[3] *Le Monde* du 19/02/2003, Discours de Lula.
[4] Mission de stabilisation de l'ONU en Haïti, conduite par le Brésil.
[5] Chef de la *« Casa civil »* du président, sorte de 1er Ministre brésilien.
[6] Rayes (Chantal), *« Condoleeza Rice adoube Lula au Brésil », Libération*, 12/11/2004.

23- INNOVATION : FACE AUX USA, RENDRE L'ALCA « LIGHT »

En visite à Paris en janvier 2003, Lula déclare[1] fustigeant ce qu'il dénonce comme l'hégémonisme de l'ALENA :

« Nous ne pouvons pas accepter le protectionnisme américain comme clause préalable pour pouvoir participer aux accords de libre-échange. »

La manière dont les USA envisagent la future grande zone de libre-échange panaméricaine ressemble à un processus de néo-colonisation économique et politique, qui est accompagné de la présence croissante des USA et de leur activité militaire (bases nouvelles en Colombie, manoeuvres conjointes, conseillers militaires dans des Ministères latino-américains).

Le *« Trade Act »* promulgué par G.W. Bush en août 2002 ne s'en cache pas : « L'expansion du commerce international est vitale pour la sécurité nationale des Etats-Unis. Le commerce est un élément critique pour la croissance économique, la puissance et le leadership des Etats-Unis dans le monde. La sécurité nationale des Etats-Unis dépend de leur sécurité économique....Le commerce créera de nouvelles opportunités pour les Etats-Unis et préservera la force incomparable des Etats-Unis dans les affaires économiques, politiques et militaires. »[2]

On ne saurait être plus clair!

Or cela, Lula n'en veut pas.

C'est avec derrière lui le poids du Mercosur et de ses pays associés que le Brésil maintient une position intransigeante face au Nord-américains dans les négociations en cours au sujet de l'avènement de l'ALCA, que G.W. Bush voit comme une grande zone de libre-échange des deux Amériques, alimentant son pays en produits agricoles et industriels et lui servant de marché privilégié à l'export.

Pour les Sud-américains, il est hors de question que la future ALCA soit à sens unique en faveur des produits US qui pénétreraient les marchés du Sud alors que les USA continueraient à subventionner à l'exportation certains de leurs produits tout en taxant à l'importation les produits du Sud[3].

Les rêves US d'un gigantesque supermarché des Amériques à leur botte a donc du être abandonné récemment au profit d'une « ALCA light »[4] peu ambitieuse ratifiée à Miami en novembre 2003. L'accord conclu modifie jusqu'à la structure même de la future ALCA ou FTAA (ZLEA).

Les pays membres de la future zone de libre-échange privilégient désormais une ALCA « à la carte » : d'une part avec un ensemble commun

---

[1] *La Tribune* du 29/01/2003.
[2] *"Trade Act"* des USA, points 1 et 2 (b-Recommendations) de la section 2101 du Titre XXI, août 2002.
[3] *International Herald Tribune*, October 31st, 2004.
[4] *The Economist*, February 7th, 2004 and June 12th, 2004.

et équilibré de droits et obligations applicables à tous les pays comme socle, d'autre part avec des accords bilatéraux plus poussés pour les seuls pays qui souhaiteraient aller plus loin dans l'intégration.

Réunis à Puebla (Mexique) en février 2004, pour la 17e réunion du Comité de Négociations Commerciales (CNC) de l'ALCA, les Ministres et vice-Ministres du Commerce des 34 pays concernés n'ont pu s'entendre sur le niveau d'ambition de ce futur marché de libre-échange et n'ont abouti à aucune décision concernant « les droits et obligations applicables à tous les pays de la ZLEA (ALCA). »

D'ailleurs, le Brésil co-préside ces forums avec les USA.

La date butoir pour l'entrée en vigueur de l'ALCA, passée inaperçue, était fixée à janvier 200O. Elle est passée sans que cet accord ait été conclu.

« C'est un motif de joie pour les mouvements sociaux du continent, qui, par leur lutte, sont parvenus à freiner la signature de ce traité. »[1]

Cependant, les USA semblent avoir « changé leur fusil d'épaule » en adoptant une tactique bilatérale : ils ont réussi à signer en 2005 des accords avec l'Uruguay, sans même que ce petit pays[2] n'en réfère au Conseil du Mercosur ; ils discutent des accords bilatéraux analogues avec le Paraguay, autre membre du Mercosur.

Enfin le Chili, qui était en pourparlers pour être admis au sein du Mercosur, semble moins pressé, et se prépare à signer avec les USA (après un accord avec l'UE l'an passé).

[1] Mello (Fatima), Réseau brésilien pour l'Intégration des Peuples, 26 janvier 2005 (au FSM de Porto Alegre).

[2] 4 millions d'habitants.

Figure 11:
Tournant le dos à l'Oncle Sam et à la FTAA[1],
Lula emmène le G-20 vers l'Asie

(Source : The Economist, «Looking South, North or both », 7 février 2004)

24- EN PANNE : LES NEGOCIATIONS MERCOSUR/UE

Fin septembre 2004, s'est tenue à Bruxelles un « round » important de négociations pour un accord final entre l'Union Européenne et le Mercosur. Il s'est conclu, sans surprise, par un échec, butant sur les questions agricoles. Le Brésil aurait offert jusqu'à 90% d'accès au marché aux produits européens, hormis quelques produits agricoles concurrents. Le lait par exemple : l'entrée du lait européen est aujourd'hui taxée de 27%[2]. Autre exemple : la viande. L'UE offrait à Bruxelles des quotas de 106 000 tonnes, inférieurs aux 215 000 exportées par le Brésil en 2004. La liste des produits

[1] FTAA (*Free Trade Area of the Americas*) : en français : ZLEA, en espagnol et en portugais : ALCA.
[2] L'agriculture familiale paysanne représente 82% des 1 800 000 exploitations productrices de lait du Brésil.

« d'exception » du Mercosur reconnus sensibles n'a pas été intégrée dans l'accord bi-régional, par conséquent sans grande portée pratique nouvelle.

25- INNOVATION : PROMOUVOIR LE COMMERCE SUD-SUD

En Afrique, l'allié privilégié du Brésil est définitivement l'Afrique du Sud. Déjà en 1998, Nelson Mandela s'était rendu au Brésil où il avait reçu un accueil triomphal et avait établi des liens entre la SADC[1] et le Mercosur[2]. La fameuse *« Stratégie du Papillon »* chère au président sud-africain Thabo Mbeki, qui veut que le corps du papillon serait l'Afrique du Sud, corps qui relierait les deux ailes que sont l'Amérique du Sud d'une part, l'Asie d'autre part, a visiblement pu aussi inspirer Lula quand il déclare[3] : « Le Brésil cherche à développer des relations bilatérales avec l'Afrique du Sud, l'Inde, la Chine, la Russie, le Mexique ».

Lula a donc très rapidement cherché à élargir l'éventail des accords commerciaux en direction de grands pays émergents du Sud notamment. Tous les voyages de Lula dans de grands pays du Sud (notamment Inde et Chine) sont mis à profit pour mener une diplomatie commerciale offensive en faveur d'accords nouveaux avec le Brésil et le Mercosur.

26- REFORMER LES ORGANISATIONS INTERNATIONALES

Le Brésil aspire plus que jamais à jouer sur la scène internationale un rôle à la mesure de son poids économique réel et de son influence dans les équilibres mondiaux, comme l'illustre son exigence d'un siège de membre permanent au Conseil de Sécurité de l'ONU, pour lequel Lula[4] recherche inlassablement des soutiens (France, Espagne, Portugal, Allemagne, Chine, Russie).

La force de proposition d'Itamarati[5] à Washington pour faire émerger les projets de réforme de l'Organisation mondiale est remarquée et ne

---

[1] *Southern African Development Community* : c'est la Communauté de Développement de l'Afrique Australe, bloc régional des pays de la moitié sud du continent africain et dont le siège est à Gaborone (Botswana) ; créée en 1979 comme la SADCC (*SAD Coordination Conférence*), transformée en 1992 ; elle compte 14 pays membres : Angola, Botswana, Lesotho, Malawi, île Maurice, Namibie, Mozambique, Tanzanie, Zambie, Zimbabwe, Swaziland, , République Sud-africaine depuis 1994 seulement (RSA), Congo (Kinshasa) et îles Seychelles (entrés en 1997).

[2] *Marchés Tropicaux*, 31 juillet 1998.

[3] *Le Monde* du 19 février 2003.

[4] La stratégie de Lula et de la diplomatie brésilienne, pour atteindre cet objectif où la concurrence sera rude (Inde, Allemagne, Japon,...), est de présenter son pays en *leader* des pays émergents et défenseur des (pays) pauvres dans le monde (re. OMC-Cancun en 2003) : ce point sera explicité au chapitre 5, § 5.1.

[5] Le Palais d'Itamarati était à Rio de Janeiro, longtemps capitale fédérale, le siège du Ministère des Relations Extérieures. Depuis plus d'un quart de siècle, Itamarati (iso Quai d'Orsay français) remplit la même fonction mais à Brasilia, nouvelle capitale construite par l'urbaniste Lucio Costa et l'architecte Niemeyer. L'Itamarati est aussi - avec l'Institut Rio Branco - une grande « école » de formation des diplomates brésiliens, très réputée.

manque pas d'irriter certains membres permanents du Conseil (USA notamment).

Quant au FMI, avant même de chercher à le réformer, Lula cherche déjà à s'en passer. Le « sevrage » de l'assistance du FMI au Brésil est l'objet de toutes les attentions de la part des administrations concernées. La reconduction en 2004 à titre préventif et à montant réduit ($US 14 milliards dont 6 d'argent frais que le gouvernement n'entend pas utiliser) de l'accord de 2002 ($US 31 milliards) a été présentée comme une phase de transition vers « l'après FMI ».

Depuis mi-2003, la direction du FMI à Washington ne tarit pas d'éloges sur la conduite économique du Brésil par le duo Lula-Palocci et leur orthodoxie financière. Ce qui ne l'empêche pas de voir d'un œil vigilant ses velléités de réformes « tiers-mondistes ».

CHAPITRE 3
LULA « GLOBE-TROTTER » : UNE NOUVELLE DIPLOMATIE COMMERCIALE

31- LA NOUVELLE DIPLOMATIE COMMERCIALE

« Si je propose une nouvelle géographie commerciale dans le monde, c'est parce que nous devons mettre à profit le potentiel d'autres pays. » déclarait Lula le 22 juin 2004, défendant son bilan après 18 mois à la présidence[1]. « Sinon, nous serons tous dépendants des Etats-Unis et de l'Union Européenne. Le monde est beaucoup plus large, nous devons chercher d'autres espaces. Je ne peux pas me contenter d'être pauvre, mais lutter pour m'en sortir. Nous devons donc être audacieux sur la scène internationale. »

Les visites à Brasilia de Chefs d'Etat se sont multipliées comme jamais durant cette période 2003-2004 : rien qu'en novembre 2004 par exemple, s'y succèdent le 12/11 Hu JinTao, président de la République Populaire de Chine ; le lendemain, Tran Duc Luong, président de la République Socialiste du Vietnam ; puis, Roh Noo-Hyun, président de la Corée du Sud ; et après, Vladimir Poutine, président de la Russie (qui en profite pour promettre d'appuyer le Brésil dans sa demande d'un siège permanent à l'ONU en échange d'un soutien à la Russie pour entrer à l'OMC). Chacun était accompagné d'une importante suite d'industriels. Le 23 novembre, Paul Martin, 1er Ministre du Canada, leur succède pour mettre fin au litige opposant les firmes aéronautiques Bombardier (Canada) et Embraer (Brésil, quatrième producteur d'avions du monde).

[1] Propos recueillis par Relea (Francesc), *El Pais,* Madrid, 22/06/2004.

Lula qui, lors de son intronisation début janvier 2003, avait promis *« un changement de cap »*, a multiplié les voyages à l'étranger durant les deux premières années de son mandat, pour promouvoir cette image internationale plus brillante du Brésil qu'il appelle de ses vœux et pour laquelle il ne ménage pas ses efforts.

L'aspect médiatique n'est jamais négligé. La chaîne de TV brésilienne et le puissant groupe de presse *« O Globo »*, parmi les premiers du monde, jouent un rôle de relais des messages présidentiels. Les chefs d'entreprises accompagnent souvent ces déplacements et de nombreux contrats sont signés, ouvrant de nouveaux espaces commerciaux, de nouveaux marchés aux produits d'exportations brésiliens.

Par cet activisme, Lula ne cherche pas de notoriété personnelle mais bien une augmentation des exportations du Brésil, une amélioration de la balance commerciale, une réduction de la dette ($US 220 milliards), l'accroissement des IDE avec de nouveaux investisseurs. Sur ses instructions d'autre part, le Ministre Furlan a annoncé fin 2003 différentes mesures de « dé-bureaucratisation » des exportations, afin de donner un coup de pouce fort à leur augmentation.

En une année seulement, de janvier 2003 à janvier 2004, Lula a effectué 20 voyages à l'étranger, jouant un rôle de véritable ambassadeur commercial de son pays et du Mercosur. L'année 2004 s'est déroulée sur le même rythme. De nombreuses missions commerciales officielles ont été envoyées par le président brésilien en Russie, au Moyen-Orient, au Mexique, en Inde, en Chine, en Afrique du Sud, tandis que les négociations engagées avec des groupes d'Etats étaient poursuivies avec des résultats contrastés : progrès du Mercosul en vue d'une alliance avec la CAN, statu-quo bloquant sur les questions agricoles avec l'Union Européenne[1], bras de fer avec la ZLEA conduisant à une *« ALCA light »*.

32- LULA, LE BRESIL ET L'AFRIQUE

Le continent africain a fait l'objet de deux tournées du président Lula en novembre 2003 et en août 2004. Pourtant, l'Afrique ne représente encore que 5% des échanges commerciaux du Brésil : milliards de dollars en 2002, qui se décomposent en 2,3 pour les importations et 2,6 pour les exportations. Les raisons de ces déplacements sont donc à chercher plutôt du côté politique. Conscient du poids de l'histoire et des liens de sang tissés entre les peuples (héritage de l'esclavage), Lula a réactivé les relations avec les pays africains lusophones, au premier rang desquels l'Angola pétrolier.

[1] L'année 2004 était une année relativement décisive pour les négociations UE/Mercosur : un programme de travail pour la phase finale des négociations a été arrêté fin 2003, en particulier sur les questions agricoles où le Brésil ne souhaite pas faire de concessions à la France. Peu de progrès ont été faits sur ce point depuis deux ans. La négociation était suspendue fin 2004.

Lula a encouragé Petrobras, l'entreprise Odebrecht ainsi que les secteurs parapétrolier et naval brésiliens, à nouer de nouveaux liens avec le géant Nigéria (140 millions d'habitants, 1er partenaire commercial du Brésil en Afrique, importations de pétrole). Cependant, le report à fin 2005 (au lieu du 1er juillet 2005) du lancement de la « Zone Monétaire d'Afrique de l'Ouest » (qui regroupera la Gambie, le Ghana, le Nigéria et la Sierra Léone) a freiné la croissance (pourtant réelle) des échanges envisagés avec cette région anglophone. Du 10 au 15 avril 2005, le président Lula a effectué son 4eme voyage en Afrique : « Il s'est rendu successivement au Cameroun, au Nigéria, au Ghana, en Guinée-Bissau et au Sénégal. Ce voyage avait pour objectifs de renforcer la coopération, de favoriser l'exportation de produits brésiliens vers de nouveaux marchés et d'obtenir des soutiens pour une candidature brésilienne pour un siège permanent au Conseil de Sécurité de l'ONU. Les échanges commerciaux avec l'Afrique ont plus que doublé depuis 2000 et augmenté de 70% entre 2003 et 2004. »[1]

Lula, enfin, a recherché des alliances commerciales entre le Mercosur et les blocs régionaux les plus solides du continent africain, en particulier les blocs de la moitié sud. A l'occasion de ses voyages sur le continent le plus déshérité[2], des accords sont signés par exemple entre le Mercosur et la SACU[3]. Un hebdomadaire africain n'hésite pas alors à parler du *« Tropisme africain de Lula »*[4]. Le président du Brésil, évoquant « une dette envers l'Afrique », veut « examiner les formules compatibles avec les règles de l'OMC afin de permettre l'entrée sur le marché brésilien des produits des pays les plus pauvres. »[5]

33- LULA, LE BRESIL ET LE MONDE ARABE

A l' occasion de la visite à Alger le 26 février 2005 de son Ministre des Affaires Etrangères Celso Luiz Nunes Amorim, Lula invite officiellement le président algérien Bouteflika au futur sommet du « Monde Arabe et de l'Amérique Latine » prévu à Brasilia en mai 2005. Le volume des échanges entre les deux pays ont été de $US 2,3 milliards en 2004 (dont

[1] *Diffusion de l'Information sur l'Amérique Latine* (38, rue du Doyenné, 69005-Lyon) in « L'actualité en bref, Brésil », avril 2005. DIAL est un bulletin bimensuel de 12 pages, qui traduit des informations sur l'Amérique Latine, sélectionnées (presse, radio, clergé,...) par pays sur des sujets d'actualité concernant le développement rural, social, communautaire et religieux du continent.

[2] La contribution du Brésil à la lutte contre le fléau Sida, qui touche plus de 30 millions d'africains, s'est traduite par l'accès des pays du continent noir aux trithérapies fournies par l'industrie pharmaceutique brésilienne au prix de médicaments génériques, au terme d'une victoire sur les USA et les grands lobbys pharmaceutiques internationaux.

[3] La SACU *(« Southern African Customs Union »)* est l'Union Douanière de l'Afrique Australe qui regroupe le Botswana, la Namibie, le Swaziland, le Swaziland, le Lesotho et l'Afrique du Sud. Elle a été créée en 1969.

[4] *Jeune Afrique/l'Intelligent*, numéro 2274 des 8 au 14/08/2004, p. 60 à 62.

[5] *Marchés Tropicaux*, p. 2495, 05/12/2003.

1,9 d'exportations brésiliennes vers l'Algérie), ce qui fait de l'Algérie le 1er partenaire arabe du Brésil et le 2ème de l'Afrique (après le Nigéria).

Le *1er Sommet Arabo-Sud-Américain* s'est tenu au Brésil les 10 et 11 mai 2005 et a « ébauché un axe économique et politique Sud-Sud »[1]. Le président Lula a fait plusieurs déclarations stimulantes pour les échanges entre ces deux grands groupes, comme : « Pendant tout le XXème siècle, nous sommes restés distants. Nous devions nous rapprocher sur les plans politique, scientifique et économique» et encore : « Nous devons démocratiser afin d'avoir non plus la géographie politique de 1945, mais celle de 2005. »[2]

Lula, recevant à Brasilia le Chef de l'Autorité Palestinienne, Mahmoud Abbas, a loué « la patience » des Palestiniens, que soutient la déclaration finale (qui critique Israël et les Etats-Unis).

1200 entrepreneurs étaient rassemblés à l'occasion de ce Sommet, bien décidés à faire progresser par une meilleure connaissance réciproque les échanges commerciaux entre les deux régions ; « avec $US 8 milliards sur $US 12, le Brésil se taille la part du lion [...] A Brasilia, un accord-cadre en vue d'une libéralisation des échanges a été signé entre le Mercosur et le Conseil de Coopération du Golfe (CCG) qui regroupe les riches Emirats.»[3]

34- LULA, LE BRESIL ET L'INDE

Lula, conscient que les deux plus grands pays du Sud par leur population (la Chine et l'Inde), deviendraient en peu d'années aussi les deux géants du XXIème siècle, a vite programmé ces pays dans ses tournées diplomatico-commerciales, malgré les énormes différences historiques et politiques. Rappelons que déjà à mi-2002, sous FHC, les ministres des Affaires Etrangères des trois grands pays que sont l'Inde, l'Afrique du Sud et le Brésil, s'étaient réunis à Brasilia et avaient publié la « Déclaration de Brasilia » qui annonçait la formation de l'IBSA ou *« India, Brazil and South Africa Dialogue Forum »*. Une Commission Trilatérale était alors créée entre les trois pays pour examiner périodiquement comment favoriser le développement de leurs échanges.

« L'Inde, le Brésil et l'Afrique du Sud, les trois principales démocraties des trois continents les plus pauvres, confirment et concrétisent leur alliance triangulaire révélée l'année passée à Cancun réunis par des mesures destinées à faciliter les échanges commerciaux entre les trois. La rencontre de New Delhi peut être considérée comme la première d'une série qui s'inscrira dans le *« Forum Inde-Brésil-Afrique du Sud »* (IBSA). [...]

---

[1] Paranagua (Paulo), Le *Monde*, 13/05/2005, p. 5 : *« Le premier Sommet arabo-sud-américain »*.

[2] Ibidem.

[3] Ibidem.

Les trois puissances vont établir des taux préférentiels entre eux afin d'élever le flux de leurs échanges commerciaux de 4,6 à 10 milliards de dollars d'ici 2007. L'IBSA doit empoigner une réalité commune aux trois pays : la pauvreté. Sans attendre la concrétisation de l'appel lancé par le président brésilien pour un Fonds mondial contre la faim, les trois pays ont allongé des sommes, modestes mais réelles -100 000 dollars chacun de la part du Brésil et de l'Inde, 50 000 de l'Afrique du Sud – dont la gestion a été confiée au PNUD (programme de développement des Nations-Unies). Autre manière de lutter contre la pauvreté : utiliser au mieux les compétences des uns et des autres pour construire une chaîne de production autosuffisante. Exemple : l'Inde possède le charbon qu'elle peut fournir à l'Afrique du Sud qui peut le transformer en pétrole. Le Brésil, lui, a les capacités pour en faire du diesel bio ou du gasoil. »[1]

Lula a visité fin janvier 2004 l'Inde, ce géant asiatique (la plus grande démocratie du monde) qui vient de dépasser le milliard d'habitants, pays aux 600 000 villages, pays aux marchés habituellement assez fermés. «Ce pays a un gouvernement dirigé par une véritable *« dream team*[2] experte en développement. Le 1er Ministre, Manmohan Singh, est l'un des plus grands économistes spécialistes du développement dans le monde. [...] Le budget (2005) de Palaniappan Chidambaram (ministre des finances) est une véritable leçon d'économie du développement, qui montre comment un pays peut se lancer à fond dans des réformes libérales tout en prenant des mesures urgentes de lutte contre la pauvreté. [...] Ce budget reflète la prise de conscience que la réduction de la pauvreté requiert à la fois une croissance économique rapide et des investissements destinés aux plus miséreux. La croissance doit s'appuyer sur le privé, notamment sur les IDE.»[3]

La visite de Lula a eu lieu en marge du sommet de Mumbay (Bombay), qui a succédé en 2004 aux deux premiers sommets altermondialistes de Porto Alegre (Brésil, 2001 et 2002).

Un forum de la CNUCED *(« pre-UNCTAD[4] XI forum on regionalism and South-South cooperation »)* s'est ensuite tenu à Rio en juin 2004 et a traité en profondeur du cas des échanges entre le Mercosur et l'Inde, réunissant des officiels des deux zones et des hommes d'affaires des secteurs privés respectifs. Courant 2004, un accord destiné à favoriser le développement des échanges commerciaux entre l'Inde et le Mercosur a été signé *(« India and Mercosur Preferential Trade Agreement »).*

---

[1] Carole Vann et Ranjit Devraj, InfoSud-IPS.

[2] *« Equipe de rêve »* (expression sportive).

[3] La chronique de Jeffrey Sachs (professeur et directeur de l'Institut de la Terre à Columbia University-New-York), *« L'Inde montre l'exemple », Les Echos*, lundi 16 août 2004, p.8.

[4] CNUCED : Conférence des Nations Unies sur le Commerce et le développement ; en anglais UNCTAD : United Nations Conference on Trade and Development.

Une analyse publiée par la CNUCED[1] indique qu'un bon potentiel existe pour augmenter les flux d'échanges sur plusieurs produits complémentaires. La coopération entre l'Inde et le Brésil a aussi été étendue aux domaines spatial, pharmaceutique, technologies de l'information et tourisme.

35- LULA, LE BRESIL ET LA CHINE

La Chine a reçu la visite de Lula du 22 au 27 mai 2004. Cette visite se déroule alors qu'à l'initiative du Brésil a déjà été créé le *« Conseil Entrepreneurial Brésil/Chine »* (CEBC). Les IDE en Chine ont fait un grand bond en avant depuis 2000 ($US 40,7 milliards), et encore de 2003 ($US53.5 milliards) à 2004 (plus de $US 60 milliards).

« Les mesures anti-surchauffe n'y ont rien fait : qu'importe le durcissement de la politique monétaire ou les restrictions….Mais l'investissement étranger demeure relativement marginal face aux dépenses de l'Etat dans les infrastructures (7% du montant consacrés aux routes, usines, immobilier). »[2] Les journaux chinois sont élogieux sur ce Chef d'Etat étranger qui tient tête sur le plan diplomatique et commercial à l' *« Oncle Sam »*.

Rappelons néanmoins que, déjà sous le second mandat du président F.H. Cardoso, alors que la Chine allait entrer à l'OMC, des contacts commerciaux et une concertation avait eu lieu entre les deux grands pays, notamment lors de la visite à Pékin en avril 2002 du Ministre du Développement Industriel et du Commerce, Sergio Amaral[3], comme le relate ci-après le grand journal chinois, le *Quotidien du Peuple* :

« Shi Guangsheng, ministre chinois du Commerce Extérieur et de la Coopération économique, et Sergio Silva Do Amaral, ministre brésilien du Développement Industriel et du Commerce, sont convenus lundi 2 avril 2002 que le Brésil et la Chine oeuvreront ensemble pour lutter contre l'escalade du protectionnisme commercial. Lors de sa rencontre à Beijing avec le ministre brésilien, Shi Guangsheng a souligné que les deux pays devaient conjuguer leurs efforts pour combattre la tendance croissante du protectionnisme commercial qui affecte les deux pays […] La libéralisation commerciale qui avait été avancée par les pays développés est sabotée actuellement par certains de ces pays mêmes, a indiqué le ministre chinois […] Le Brésil et la Chine, tous deux pays en voie de développement, ont des intérêts similaires et partagent des vues communes. Ils ont une

---

[1] UNCTAD, 2004 : *"Regionalism and South-South cooperation, the case of Mercosur and India"*.
[2] De Grandi (Michel), *« Investissements étrangers en Chine : le bond en avant »*, *Les Echos*, 20-21 août 2004, p. 15.
[3] Cet économiste et diplomate francophone et francophile, proche de Cardoso et membre du PSDB, a été Ambassadeur du Brésil en poste à Paris de début 2003 à mi-2005.

responsabilité commune pour assurer un système commercial mondial, équitable et ouvert, a souligné Shi Guangsheng. Nos deux pays doivent renforcer la coopération dans le domaine des problèmes multilatéraux tels que leur rôle dans l'OMC et le nouveau round des négociations de l'OMC pour sauvegarder le développement du libre commerce. » [1]

C'est ce même journal chinois qui relate la visite de Lula à Pékin deux ans après et retranscrit la conférence de presse du Ministre chinois des Affaires Etrangères du 20/05/05: « Le président brésilien effectue une visite d'Etat en Chine du 22 au 27 du mois courant sur l'invitation du président chinois Hu Jintao. C'est un autre grand événement dans l'histoire des relations sino-brésiliennes après la visite au Brésil du président Jiang Zemin en 2001. Le président brésilien va également se rendre à Shanghai pour participer à la Conférence mondiale d'aide aux pauvres. Pendant cette visite, les gouvernements et entreprises des deux pays vont signer une série de documents de coopération concernant les secteurs diplomatique, juridictionnel, sanitaire, économique et commercial [...] Nous prenons en grande considération le Brésil en tant que plus grand pays en voie de développement de l'Ouest de la planète pour son influence importante exercée sur les affaires internationales et régionales. Nous voulons développer davantage le partenariat stratégique avec le Brésil sur la base des cinq principes de la coexistence pacifique. La Chine soutient une réforme adéquate et nécessaire du Conseil de Sécurité [...] En même temps, il importe aussi d'améliorer la façon de travailler de l'ONU. [2] »

Lors de la visite « retour » à Brasilia du président chinois en novembre 2004, Lula a reconnu officiellement *« la Chine, un pays d'économie de marché ».*

La FIESP a réagi fortement à cette annonce et son président a attaqué le Ministre des Relations Extérieures Celso Amorim : « Qui la diplomatie brésilienne veut-elle protéger quand elle refuse les accords commerciaux avec la ZLEA et l'UE, défendus par la plupart de nos industriels, et ouvre la porte à la Chine ? ».

En effet, cédant aux insistantes sirènes chinoises, Lula a fini par accepter lors de cette visite de novembre ce qu'il avait jusque-là refusé : « Lula a annoncé qu'il reconnaissait à la Chine le statut d'économie de marché », a déclaré le président chinois Hu aux côtés du président Lula, après la signature d'accords bilatéraux au palais du *Planalto.* « Je veux exprimer mes remerciements pour cette position qui enrichira le contenu de nos échanges », a ajouté le président chinois. « Pékin cherche à convaincre ses principaux partenaires commerciaux de lui concéder dès maintenant ce statut, qui permettra au géant asiatique d'échapper à des procédures

---

[1] *Le Quotidien du Peuple,* Pékin, 2 avril 2002.
[2] Ibidem, 21 mai 2005.

antidumping auprès de l'Organisation mondiale du commerce (OMC). La Chine est entrée à l'OMC en 2001 et a quinze ans pour passer du statut d'*économie de transition* à celui *d'économie de marché.* »

Figure 12
Carte du Brésil "made in China"

(Source : www.brazilonboard.com/cn.asp)

En contrepartie de la reconnaissance du statut, le Brésil a obtenu satisfaction dans plusieurs domaines, depuis l'ouverture du marché chinois aux viandes brésiliennes bovine et de volaille jusqu'à l'engagement d'une commande d'une dizaine d'avions de la firme Embraer installée en Chine, a dit Furlan.

D'autre part « les autorités chinoises nous ont dit que les pays qui auront reconnu depuis le début (le statut) auront des privilèges d'accès au marché chinois et seront traités en amis prioritaires », a souligné Furlan. « La Chine est devenue l'an dernier le 3ème client du Brésil, derrière les USA et l'Argentine, et espère maintenant attirer des investissements importants de la part de son *partenaire stratégique*, surtout dans le domaine de l'infrastructure. »[1]

Dans le secteur du Tourisme, une double liste d'agences des deux pays (25 agences pour le Brésil pour 670 opérateurs de Chine Populaire) vient d'être élaborée conjointement par les responsables concernés, le ministre brésilien du Tourisme, Walfrido dos Mares Guia, et l'Ambassadeur de la République Populaire de Chine à Brasilia, Jiang Yuande. Ces agences seront chargées d'accompagner des groupes de chinois en visite au Brésil. Jusqu'à fin 2003, seul Cuba en Amérique Latine était une destination « autorisée »[2] par les autorités de Pékin. La Chine envoie annuellement 22 millions de touristes à l'extérieur : c'est le 4ème pays au monde par le nombre, avec une énorme marge de progression (taux actuel inférieur à 2% de la population du pays). Le ministre brésilien espère un flux de touristes chinois de 120 000 en 2007 (soit 7 fois le chiffre enregistré pour 2004), ce qui apporterait aux finances brésiliennes environ $US 300 millions.[3]

La formation et le transfert de technologie font bien sûr partie des accords signés. Par exemple, ce sont mille cadres techniques brésiliens qui se sont envolés début juillet 2005 pour former leurs homologues chinois aux techniques à valeur ajoutée du travail du cuir. « L'intense recrutement de brésiliens fera que l'industrie chinoise des chaussures pourra prochainement offrir au monde des objets de qualité et de technologie de pointe »[4] . A des prix défiants toute concurrence.

Mais le plus étonnant est que l'article nous apprend que certains spécialistes du travail du cuir de l'Etat du *Rio Grande do Sul* (capitale : Porto Alegre) auraient commencé leur croisade formatrice dès 1990 en Chine, où ils disent avoir été traités comme des rois (salaires de $US 15 000/mois par exemple). Après la chaude alerte aux US et en UE sur l'invasion « jaune » de textiles à la fin du premier semestre 2005, les maroquiniers classiques occidentaux peuvent eux aussi préparer leur reconversion !

Pourtant, le Brésil apprend à ses dépens que tout n'est pas rose dans les échanges avec la Chine et commence à se méfier de la trop grande puissance de ce partenaire asiatique boulimique.

En effet, il est clair que la Chine n'hésitera pas, comme pour le soja brésilien en 2004, à imposer des embargos, temporaires, pour faire baisser les prix : « Au-delà d'une bienveillance de façade, les intentions chinoises laissent transparaître une voracité inquiétante. L'embargo décrété par Pékin en juin sur 23 exportateurs de soja brésilien (des cargaisons contenaient des grains traités aux fongicides) visait, selon Brasilia, à faire baisser le prix du

[1] La *Croix*, *« Le Brésil reconnaît la Chine comme économie de marché »*, 27/11/2004.
[2] Dans le monde, seuls 34 pays ont reçu de Pékin le « Statut de Destination Approuvée » (SDA).
[3] *"Brasil a um passo do mercado chinês", Gazeta Mercantil,* p. C-3, Sao Paulo, 9-10/07/05.
[4] *« Know-how do Brasil para a China »,* Cardoso (Denis), *Gazeta Mercantil*, page A-6, 9-10/07/05.

soja. L'embargo a finalement été levé. Mais le Brésil craint d'autres mesures «arbitraires», les normes sanitaires chinoises restant floues. Et ce sont maintenant les milieux industriels qui se méfient.

Le ministre du Commerce extérieur, Luiz Furlan, accuse Pékin de fermer son marché aux produits à plus grande valeur ajoutée, limitant les exportations brésiliennes à des produits de base.

Autre motif d'inquiétude : Hu Jintao veut que les pays d'Amérique latine accordent à la Chine le statut d'économie de marché. Ce qui consiste à reconnaître que Pékin n'intervient pas dans la fixation des prix : plus question, donc, d'invoquer la concurrence «déloyale» des produits chinois.

Hu Jintao affiche ses arguments dans une interview à la Folha de São Paulo. Le président chinois explique que l'octroi de ce statut «aiderait à accélérer» les investissements de la Chine. Il est question de la construction d'une usine de plaques d'acier ($US 1,5 milliard) mais surtout d'un apport de $US 4 milliards sous forme d'exportations, afin de moderniser les autoroutes, les chemins de fer et les ports brésiliens.

Un enjeu capital car l'Etat brésilien n'a pas les moyens de réhabiliter les infrastructures du pays, dont la précarité met en péril la croissance. «Lula voit dans la Chine un allié stratégique, alors que la réciproque n'est pas forcément vraie » note Mario Marconini, directeur du Centre brésilien de relations internationales. « Pragmatique, la Chine est plus proche des Etats-Unis que de tout autre pays et ne voit dans l'Amérique latine qu'un fournisseur de matières premières. »[1]

Par ailleurs, il apparaît que la Chine et l'Inde sont les deux premiers bénéficiaires de la libéralisation internationale du commerce des produits textiles.[2] « Les principales victimes de ce boom chinois et indien risquent d'être les autres pays émergents [...] Après 2005, la part de marché de la Chine dans les importations américaines de vêtements devrait passer de 16% à 50% et celle de l'Inde de 4% à 15% au détriment du Mexique et de l'Amérique du Sud. »[3]

S'agit-il des débuts de mise en place d'un nouvel équilibre économique mondial ?

Le Brésil, malgré son poids plus faible que les deux géants que sont la Chine et l'Inde, entend jouer dans cette partie un rôle moteur.

---

[1] Rayes (Chantal), *Libération*, Sao Paulo, 12/11/2004.

[2] www.wto.org/english/res_e/booksp_e/discussion_papers5_e.pdf : Rapport OMC 2005.

[3] « *Commerce : Le boom du textile chinois et indien* », *Alternatives Economiques*, N°228, septembre 2004, p. 28.

Bien que le G4 ne soit pas sans rappeler par certains aspects Bandung[1] et qu'il regroupe avec l'Afrique du Sud ceux qu'on appelle parfois *« le grenier du monde »* (Brésil), *« l'atelier du monde »* (Inde), *« l'usine du monde »* (Chine), on ne doit pas être trop naïf devant l'écrasante montée en puissance de l' « Empire du Milieu ».

36- LULA, LE BRESIL ET LA RUSSIE

Le président russe, Vladimir Poutine, était en visite à Brasilia en novembre 2004. C'était la première visite d'un chef d'Etat russe dans le plus grand pays d'Amérique du Sud depuis l'établissement des relations diplomatiques entre la Russie et le Brésil il y a 176 ans. Le Brésil est le deuxième pays partenaire commercial et économique de la Russie dans l'hémisphère occidental après les Etats-Unis.

« L'assistant du président russe, Sergueï Prikhodko, a déclaré à l'agence *« RIA Novosti »* que les échanges russo-brésiliens se montaient actuellement à environ $US 2 milliards. Le Brésil livre à la Russie du sucre, du café, de la viande de volaille et de porc tandis que nous lui fournissons des engrais, des métaux et des produits chimiques. Dans une interview accordée à la presse brésilienne, Vladimir Poutine a remercié le gouvernement brésilien d'avoir autorisé des producteurs russes à prendre part à l'appel d'offres lancé en vue du réarmement des forces armées brésiliennes. *RIA Novosti* a appris que le chasseur russe Su-35 était aligné dans l'appel d'offres brésilien aux côtés des avions Mirage-2000 (France), Gripen (Suède - Grande-Bretagne), F-16 (Etats-Unis) et Mig-29 (Russie). L'appareil sera construit compte tenu des desiderata des forces aériennes brésiliennes. Selon les experts, le Su-35 part favori. »[2]

Sur le plan commercial, Brasilia et Moscou ont proclamé leur intention de développer leurs échanges. Mais le Brésil n'est pas parvenu à faire avancer le dossier des ses exportations de viande vers la Russie. La coopération spatiale est un domaine qui pourrait devoir donner des résultats concrets rapidement. Lula souhaite qu'avant la fin de son mandat fin 2006, le Brésil place sur orbite des satellites grâce à son propre lanceur depuis la base d'Alcantara (Etat du *Maranhão*, dans le nord du Brésil). Les deux présidents ont également appuyé leurs candidatures respectives à certains organes et organisations multilatéraux.

---

[1] La Conférence de Bandung s'est tenue en Indonésie en avril 1955 : elle a réuni 29 pays dont 16 anciens états coloniaux devenus indépendants et a formulé « les 10 principes de la coexistence » dans l'esprit de la charte des Nations Unies. Son 60e anniversaire a été fêté en avril 2005 par les successeurs des grands leaders historiques de PED qu'étaient alors Chou en Laï, Nasser, Tito, Krouchtchev, Nehru….et Castro, le seul survivant.

[2] Agence Novosti,, *« Vladimir Poutine est arrivé dans la capitale brésilienne »* , 22 novembre 2004.

CHAPITRE 4
LE BILAN COMMERCIAL A MI-MANDAT DE LULA

41- SITUATION FINANCIERE SAINE ET RETOUR DE LA CROISSANCE

La politique budgétaire rigoureuse a permis de faire mieux que les objectifs fixés par le FMI. Antonio Palocci et Lula ont ainsi porté le Brésil à atteindre 4,32% d'excédent primaire du PIB soit $US 66 milliards (au lieu d'un objectif FMI de 3,75%). Pour 2004, le gouvernement s'est fixé volontairement 4,25% du PIB. Le rétablissement d'une croissance de 3 à 4% reste un objectif 2004-2005 pour le gouvernement. En effet, en 2003, la croissance a connu un léger ralentissement : -0,2% (après 1,9% en 2002).

Cependant, on peut affirmer début 2005 que le pari de la croissance fait par Lula est en passe d'être gagné. Lula, qui avait été critiqué au tout début de son mandat pour avoir annoncé un peu trop vite le retour de la croissance, « boit du petit lait » devant les chiffres de la reprise.

En effet, l'économie a bien redémarré au 3ème trimestre 2003 (reprise de +0,4% soit +1,6% en rythme annualisé), aidée par des mesures adéquates, dont un assouplissement de la discipline monétaire. Cette reprise s'est amplifiée au 4ème trimestre 2003 (+1,8% soit +7,4% en rythme annualisé), a continué en 2004 (+1,7% au 1er trimestre ; +1,5% au 2ème trimestre).

« Initialement tirée par le secteur extérieur et les investissements, la croissance est maintenant alimentée par l'essor de la consommation privée (+60% du PIB) qui progresse enfin nettement (+1,5%) …tandis que la demande extérieure reste vigoureuse (exportations : +2,2%, importations : + 1,6%). Les prévisions officielles donnent une croissance de 4,5% en 2004 (Banque Centrale du Brésil) et de 3,8% pour 2005, rejointes par le consensus des marchés (4,6% et 3,5%). Le rétablissement d'une croissance de l'ordre de 4% est l'un des objectifs prioritaires du nouveau gouvernement, car nécessaire à la réalisation de son projet de société. Or un rythme annuel durable de 6%[1] n'est pas réalisable avec le taux d'investissement actuel de l'ordre de 20% du PIB : il faudrait qu'il atteigne 25%. D'ici là, il va falloir gérer la surchauffe de la croissance, dont la durabilité est menacée par des goulots d'étranglement en ce qui concerne les infrastructures de base et l'outil de production.[2] »

L'année 2004 s'est terminée avec la création de 2 millions d'emplois ; le chômage est tombé à 10% de la population active. Radieux, Lula a déclaré le 10 décembre 2004[3] :

« Personne ne doit se faire d'illusions sur la fidélité à mes origines. [...] Le gouvernement a centralisé et accru l'efficacité de la politique sociale et dynamisé l'économie.» Ce que vient compléter Luiz Awazu Pereira du Ministère des Finances : « La croissance est tirée par le commerce international. La balance commerciale présente un excédent proche de $US 30 milliards. Toutefois l'actuelle reprise ne nuit pas à l'export. »[4]

Pour assurer un taux de croissance de 4% et plus au-delà de 2006, l'industrie devra investir dans de nouvelles lignes et unités de production. La crainte de ces secteurs (industrie, mais aussi agro-industrie) que les investissements en infrastructure n'accompagnent pas les leurs est le seul frein actuel.

Lula doit lever encore cette crainte.

La poursuite de la politique de rigueur est indispensable au maintien des équilibres économiques du pays, nécessaires pour assurer une croissance soutenue au cours des prochaines années. Cette croissance demande des investissements lourds en infrastructures ; le succès du relais des PPP *(« Participation Public Privé »)* est donc indispensable.

Dans une entrevue accordée à un journal de São Paulo[5], le Président de la BNDES[6], Guido Mantega, affirme :

« La BNDES accomplira le défi de prêter à l´industrie 60 milliards de réais en 2005 [...] Pendant, 15 mois consécutifs, l'industrie a enregistré une croissance ; depuis le dernier trimestre de 2004, il est normal qu´elle marque une certaine pause. Le Brésil au cours des 20 dernières années a connu des périodes de croissance, mais revenait toujours au même endroit : cette fois-ci il n´y aura pas de retour en arrière.»

Le 29 mars 2005, la Banque Centrale du Brésil a publié la valeur de l'inflation du 1er trimestre 2005 (1,77%) et prévoit pour 2005 une croissance du PIB de 4% avec un taux d´inflation annuel de 5,5%.

---

[1] Comme au 1er semestre 2004.

[2] Revue *Problèmes Economiques*, bimensuel-16 mars 2005, numéro 2871 ; « Le retour de la Croissance », page 7.

[3] Paranagua (Paulo A.), *Le Monde* du 12 décembre 2004.

[4] Ibidem.

[5] Racy (Sonia), *O Estado de São Paulo*, 27 mars 2005.

[6] Banque Nationale de Développement Economique et Social.

D'autre part, l'importance du service de la dette reste très élevée :

« Le ratio de la dette publique consolidée au PIB, malgré l'effort budgétaire, après être descendu de plus de 62% en septembre 2002 et 53% en avril 2003, est remonté depuis pour se stabiliser aux environs de 58%. La vulnérabilité du Brésil en raison de son endettement reste donc importante [...] La politique monétaire a maîtrisé avec succès au 1er semestre 2003 la poussée d'inflation née au 2ème semestre 2002, suite à la répercussion de la dévalorisation du Réal sur le niveau des prix [...] La dette extérieure s'établissait fin 2003 à $US 220 milliards, dont $US 126 milliards de dette extérieure publique (21% du PIB, entièrement à moyen et long termes) et $US 94 milliards de dette privée (15% du PIB, dont $US 18 milliards à court terme). Le ratio de la dette extérieure aux recettes d'exportations, bien qu'en réduction rapide, est encore de l'ordre de 300% ; celui du service de la dette est de 55%. »[1]

42- PERFORMANCE HISTORIQUE DE LA BALANCE COMMERCIALE

Le commerce extérieur brésilien post-2003 soutient activement l'activité économique et le dynamisme des exportations est solide.

En forte augmentation, le commerce extérieur brésilien ne représente encore que 12% du PIB. Il y a là une grande marge de progression, que l'on mesure en comparant le chiffre des flux commerciaux du Brésil ($US 121 milliards en 2003) à celui du Mexique par exemple ($US 336 milliards).

L'excédent commercial atteint $US 24,8 milliards à la fin de l'année 2003, alors qu'il n'était que de 13 en 2002 et de 2,6 en 2001. C'est l'excédent commercial le plus élevé de l'histoire du pays. Cet excédent est le fruit d'une croissance plus élevée des exportations (21%) que des importations (2%).

La balance des paiements devient moins vulnérable.

Le déficit de la balance courante fait place à un excédent de 0,83% du PIB en 2003.

De 2002 à 2004, le revirement du solde extérieur courant du Brésil est impressionnant (voir graphique ci-dessous).

---

[1] *« Brésil : Situation et perspectives économiques et financières »,* mars 2004 – MINEFI-DREE/TRESOR, Ambassade de France au Brésil, Mission Economique, Brasilia.

Graphique 3
Solde extérieur courant de 2001 à 2004
(en % du PIB)

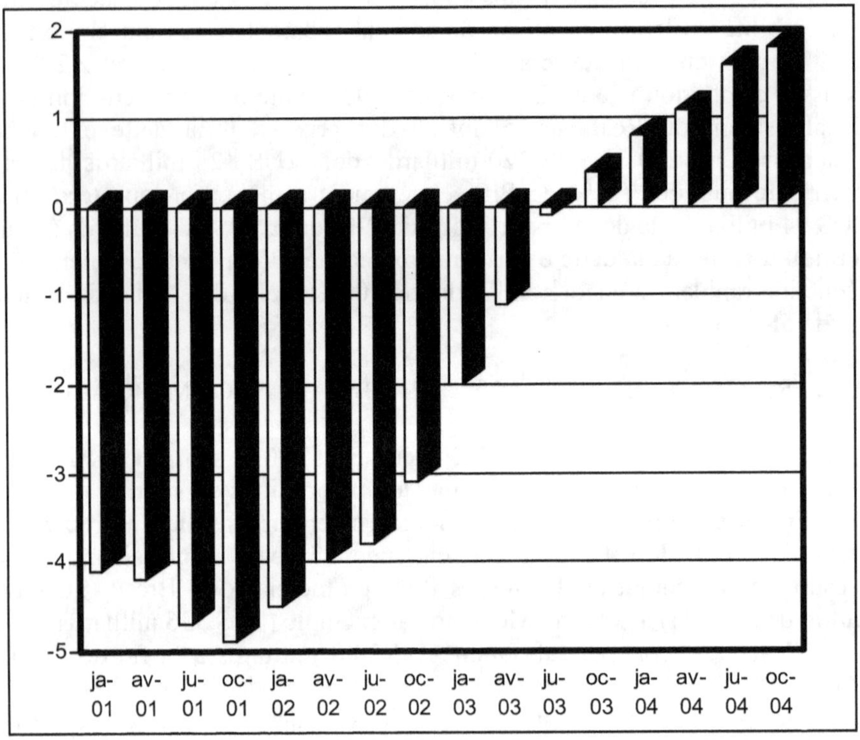

(Source : Banque Centrale du Brésil, 01/2005)

Un rapport 2005 du ministère fédéral du Développement, de l'Industrie et du Commerce (MDIC) analyse l'apport des entreprises en fonction de leur taille à la croissance des échanges relevés au cours des trois dernières années record (pour les exportations).

L'analyse des exportations montre que, sur 20900 entreprises exportatrices, plus de la moitié (10790) sont en 2004 de petites et micro entreprises, phénomène en croissance annuelle de 20% environ. La croissance globale 2004/2003 des exportations a été de 32%, atteignant le nouveau record de US$ 96.5 milliards.

Mais la part (en valeur) des petites et micro entreprises a, elle, crû en une année de 47%, passant de US$ 1.736 à 2.555 millions. La participation des petites et micro entreprises au total exporté est passée de 2.4% à 2.6% de 2003 à 2004, tendance annuelle que le gouvernement veut encourager et pérenniser, car, bien que petit, il est porteur de gains futurs et fera la différence dans la compétition mondiale[1].

Figure 13
Participation en % de valeur aux exportations 2004 par taille d'entreprise

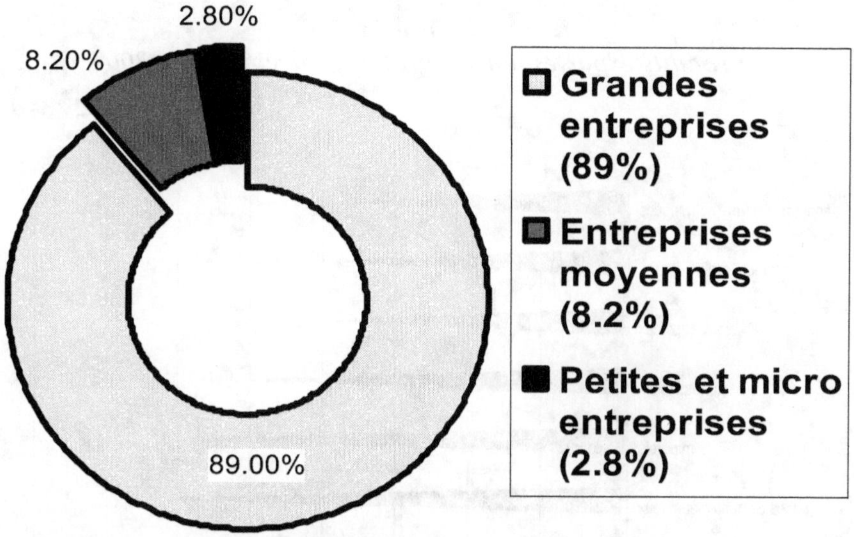

(D'après MDIC, SECEX, 2005)

La conclusion du rapport est que, « de 2002 à 2004, les ventes externes du groupe des petites entreprises et des micro entreprises (10 790 en 2004) ont augmenté de 91.5%, passant de US$ 1311 millions à US$ 2555 millions, la plus grande variation relative, par rapport aux autres catégories d'entreprises (moyennes + 67.8% ; et grandes + 58.1%). Les résultats montrent que l'augmentation de l'offre est accompagnée par une plus grande insertion des micro entreprises et petites entreprises dans le processus d'exportation brésilien. Ces gains apportent non seulement des bénéfices directs au commerce extérieur du pays, mais aussi au développement régional et à la création d'emplois et de rente pour l'économie. »[2]

---

[1] Une analyse et une approche que la France serait bien inspirée de suivre, ne serait-ce qu'au regard du potentiel des emplois ainsi créés.

[2] "De 2002 a 2004, as vendas externas desse grupo de empresas ampliaram-se 91,5%, ao passar de US$ 1,311 bilhão para US$ 2,555 bilhões, a maior variação relativa, se comparada com as demais categorias de empresas: médias (+67,8%) e grandes (+58,1%). Os resultados mostram que a ampliação da oferta de exportação está acompanhada pela maior inserção das micro e pequenas empresas no processo exportador brasileiro. Esses ganhos trazem não só benefícios diretos ao setor externo do País, como também ao

Le rapport analyse aussi les types de produits exportés par taille d'entreprise et observe une différentiation, source de recommandations. En ce qui concerne les grandes entreprises, qui représentent 89% de la valeur exportée (2004), les produits qui ont connu la plus forte croissance sont : avions et pièces (+66%), viande (+52%), minerais (+52%), acier (+46%), machines et appareils mécaniques (+43%), automobiles et pièces (+41%).

Figure 14
Produits exportés par les grandes entreprises en 2004

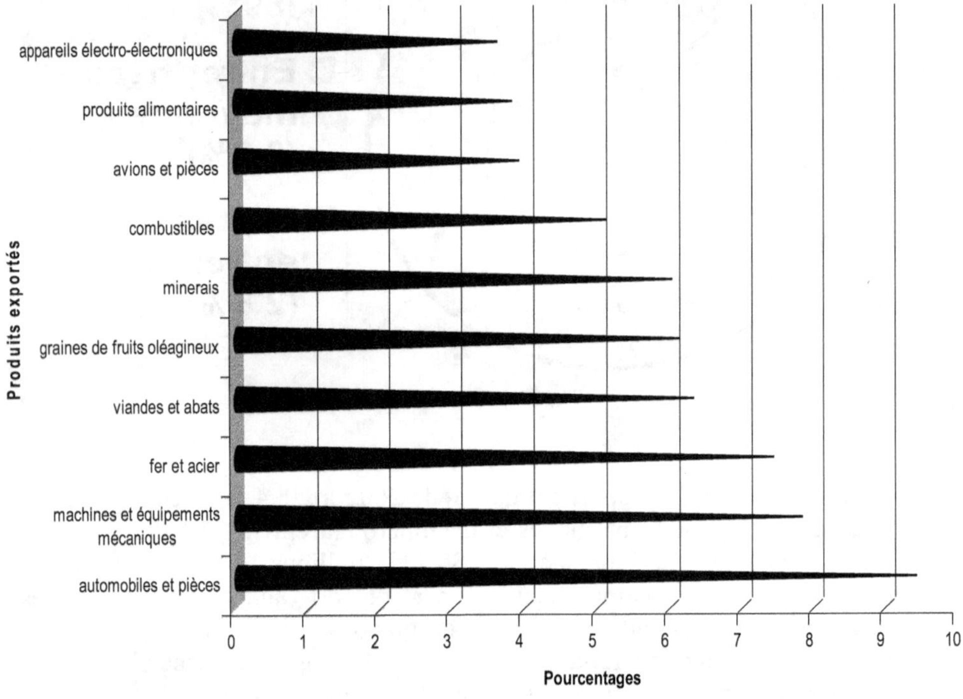

(D'après : MDIC-SECEX, rapport 2005)

desenvolvimento regional e à geração de emprego e renda para a economia." (rapport 2005 MDIC-SECEX, *"Exportação Brasileira por Porte de Empresas – 2002 a 2004"*).

Pour les petites et micro entreprises, la répartition est la suivante :

Figure 15
Produits exportés par les micro et petites entreprises en 2004

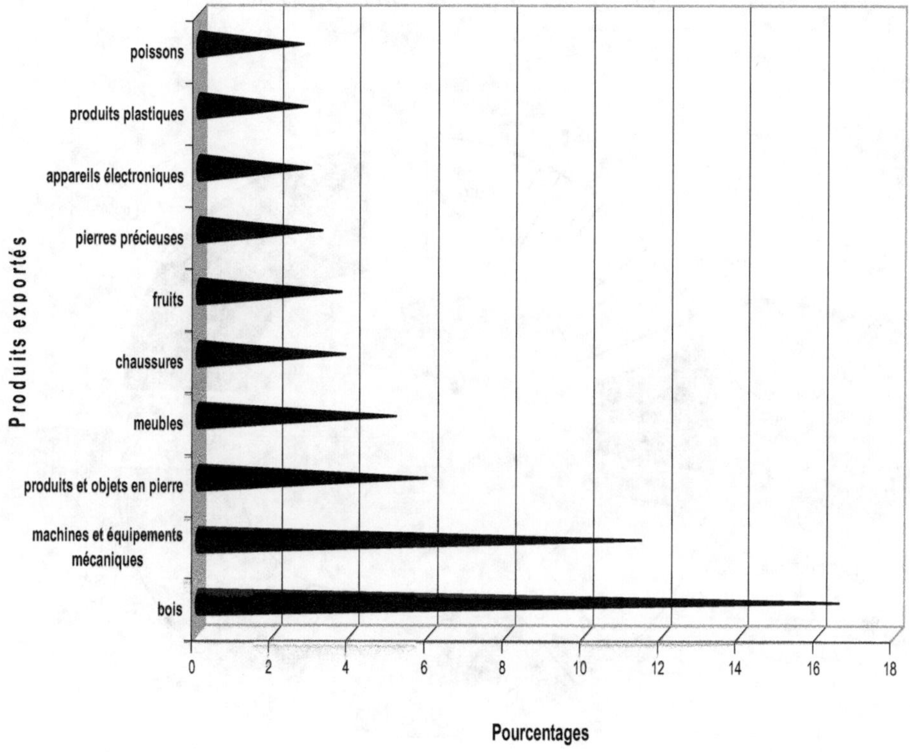

(D'après : MDIC-SECEX, rapport 2005)

Les croissances les plus fortes furent celles des produits suivants : machines et équipements mécaniques (+124%), fruits (+122%), plastiques (+121%), meubles (+115%), machines et appareils électroniques (+104%), bois (+103%).

Innovation remarquable, l'Asie poursuit et amplifie avec Lula une percée très significative dans la répartition des échanges commerciaux du Brésil par blocs géographiques : 17% en 2003 (le reste est réparti de manière bien équilibrée entre UE : 25% ; ALADI[1] (y compris Mercosur): 17.5% ; USA : 21%).

Figure 16
Répartition géographique des exportations 2004 pour les grandes entreprises (89%)

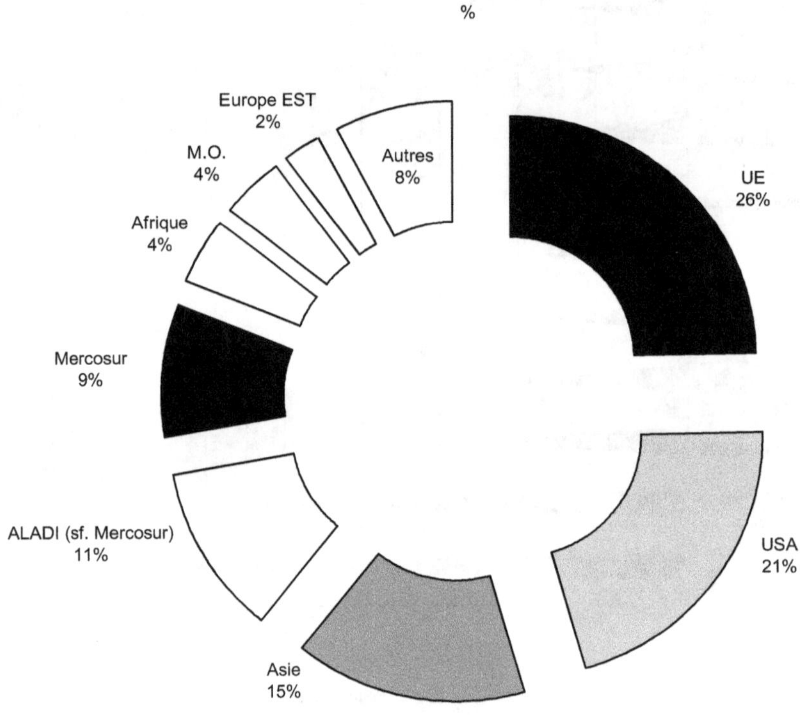

(D'après : MDIC, 2005)

[1] Association Latino-Américaine d'Intégration, créée en 1980 par le Traité de Montevideo : association regroupant à l'origine 11 Etats Membres, sans véritable intégration (au contraire du Mercosur et de la CAN créés ultérieurement).

En avril 2005, la DREE du Ministère des Finances français[1] publie l'analyse élogieuse suivante:

« Les échanges extérieurs du continent latino-américain, traditionnellement dirigés vers les Etats-Unis et l'Europe, ont connu une croissance remarquable ces dernières années vers l'Asie. Cette évolution tient en premier lieu à la très forte progression des exportations de matières premières et de produits agricoles, singulièrement vers la Chine, dont la région est un très important producteur. Les échanges entre l'Amérique latine et la Chine ont ainsi augmenté de 600 pour cent en 10 ans. Cette progression en volume a soutenu un mouvement de hausse du prix des matières premières qui a très largement contribué au redressement spectaculaire des comptes extérieurs de la région latino-américaine. Compte tenu des complémentarités économiques entre les deux régions, il ne fait guère de doutes que les relations commerciales entre elles constitueront un axe majeur de développement du commerce mondial. Cette progression des échanges devrait s'accompagner d'un développement remarquable des IDE de la zone Asie vers l'Amérique Latine. En effet, soucieuse de garantir ses approvisionnements en matières premières, et notamment en pétrole, en soja et en minerai de fer, la Chine a annoncé fin 2004, par la voie de son Président qui effectuait une tournée régionale, des investissements de $US 100 milliards au cours des prochaines années dans les secteurs des matières premières et des infrastructures de transport. »

Notons d'ailleurs que la réunion annuelle de la Banque interaméricaine de développement (BID) a été organisée pour la deuxième fois de son histoire en Asie, cette année 2005 au Japon du 6 au 12 avril. Le Japon a rejoint la BID en 1976 et la Corée du Sud en 2004.

Comme l'a confirmé un haut responsable de la Banque de Chine, la Chine aussi est « tout à fait déterminée à rejoindre la BID.[2] ».

---

[1] Réseau des Missions Economiques d'Amérique Latine et des Caraïbes- DREE/MINEFI-DGTPE -*Revue Amérique Latine*, numéro 25, avril 2005.
[2] Ibidem.

Figure 17
Croissance 2004/2003 (%) des exportations par blocs régionaux

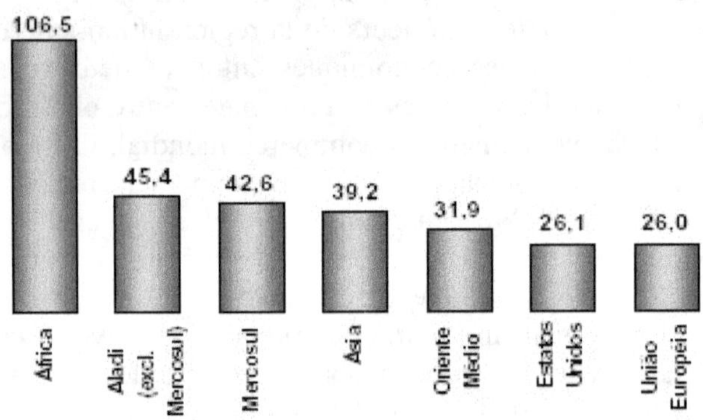

(Source : MDIC, 2005)

Lula, dès la première année de son mandat, a déjà atteint en partie l'un des objectifs qu'il s'était fixé (développer les échanges commerciaux comme pilier d'une croissance durable et développer le commerce Sud-Sud).

43-DES EXPORTATIONS RECORDS

Bien que les deux plus gros clients historiques du Brésil (USA et UE) aient connu des taux de croissance faibles, le Brésil a vendu à l'étranger un total de $US 73,1 milliards de produits en 2003. La progression ainsi enregistrée est due notamment aux produits de base (+25%), aux produits semi manufacturés (+22%) et aux produits manufacturés (+20%). Ces derniers produits réalisent plus de la moitié des ventes (54%), indice révélateur du niveau de développement atteint par le Brésil.

Ce sont principalement les 11 pays latino-américains de l'ALADI et les USA qui en importent beaucoup (respectivement 88% et 78% de leurs importations). L'UE continue d'acheter beaucoup de produits de base au

Brésil (viande, jus d'orange, soja, café,...). L'Allemagne reste le premier partenaire européen du Brésil[1].

Chanceux, le Brésil a bénéficié aussi d'une embellie sur les prix mondiaux de plusieurs matières premières. Les prix des produits « soja » ont ainsi progressé de 14% en 2003, le sucre de 11%, le café et l'acier de 23%, les volailles de 7%. Ces 5 produits ensemble totalisent plus de 18% des exportations brésiliennes[2]. De plus la récolte de soja au Brésil a été exceptionnelle en 2003 (+ 26% en volume), alors que celle des USA n'augmentait pas. Combinés, les deux facteurs donnent en valeur une progression de +35% pour la ligne « soja » des exportations. En même temps, l'économie de l'Argentine sortait du marasme de la crise: les ventes vers l'Argentine, qui s'étaient effondrées en 2002, ont progressé de 95% sur 2003, et joué pour 17% dans la montée record des exportations brésiliennes.

L'innovation majeure s'observe avec l'ouverture de nouveaux débouchés, résultat de la stratégie commerciale de Lula vers les pays du Sud, qui se chiffre comme suit :

- vers la Chine qui devient le 3ème client du Brésil, avec +80%,
- la Corée du Sud : +43%,
- l'Iran : +77%,
- l'Afrique du Sud : +53%,
- Taiwan : +60%,
- Turquie : +64%.

Ensemble, ces 6 pays contribuent à 28% de la progression des ventes brésiliennes en 2003.

La progression des exportations brésiliennes s'est poursuivie de manière impressionnante après 2003 : $US 96,5 milliards en 2004 et une prévision de 112 pour 2005, qui dégageraient des excédents de la balance commerciale de $US 34 milliards pour 2004 et 40 (prévision) pour 2005. Ces résultats sont le fruit combiné de l'action persévérante d'une décennie d'encouragements des gouvernements FHC puis Lula (avec la stabilité retrouvée, mais relative, de la monnaie), ainsi que des efforts des industriels brésiliens pour moderniser leur appareil de production, aligner leurs produits en qualité et prix sur les meilleurs du monde, bref être le plus compétitifs possible. Récemment, Lula a commencé d'ouvrir de nouveaux marchés au Sud. L'histoire du Brésil nous a montré qu'il a fallu du temps pour créer des produits industriels exportables. De même, pour traduire de façon encore plus significative dans les chiffres le poids des marchés dans ces nouveaux pays, il faudra au Brésil du temps et une capacité d'adapter en permanence ses produits aux nouvelles clientèles.

---

[1] Le score des Pays-Bas pour les exportations brésiliennes est « enflé » par un phénomène fiscal (sociétés ou filiales brésiliennes de droit néerlandais).

[2] Sources : MDIC et Banque Centrale du Brésil.

Figure 18:
Comparaison des Exportations 1996 et 2003

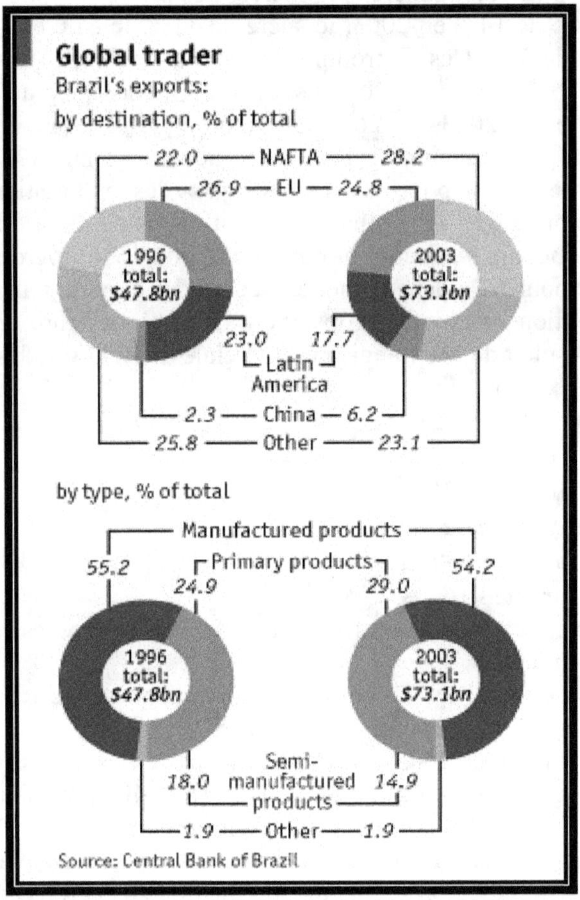

44- DES IMPORTATIONS STABLES

Avec $US 48,3 milliards de produits importés (dont 79% de produits manufacturés), la progression n'est que de 2% par rapport à 2002. En effet la demande interne s'est plutôt contractée (la consommation des ménages a diminué de 3,3% et le PIB s'est tassé de 0,2%). L'Euro s'étant apprécié de presque 100% par rapport au Réal sur l'année considérée, les prix des achats brésiliens ont renchéri d'autant, freinant les importations.

Le nouvel axe de la stratégie commerciale apparaît également dans la répartition des sources d'approvisionnement. A côté des classiques fournisseurs que sont l'UE, les USA et l'ALADI, apparaît un groupe de pays du Sud comme suit : Océanie : +28%, Afrique : +22%, Moyen-Orient : +13%, Asie : +12%.

Figure 19:
Répartition géographique des échanges:2003/2002
($US millions)

	EXPORTATIONS			IMPORTATIONS		
	2003	**2002**	**Δ%**	**2003**	**2002**	**Δ%**
UE	18102	15113	19,8	12687	13136	-3,4
USA	16900	15535	8,8	9725	10438	-6,8
ALADI	12920	9866	31,0	8186	8224	-0 ,5
Asie	11676	8791	32,8	8923	7996	11,6
Afrique	2860	2362	21,0	3254	2676	21,6
Moyen-Orient	2818	2342	20,3	1620	1431	13,2
Océanie	349	292	19,7	316	247	27,9
Total	73084	60262	21,1	48260	47240	2,2

(Source : Ministère Brésilien du Développement Industriel et du Commerce, MDIC, 2004)

CHAPITRE 5
LULA
FACE AUX
ORGANISATIONS INTERNATIONALES

51- LULA ET LE CONSEIL DE SECURITE DE L'ONU

A l'ONU à New-York le 20 septembre 2004, lors de la rencontre *« Action against hunger and poverty »*[1] entre les leaders mondiaux, le président brésilien Luis Inacio da Silva déclare solennellement : « Nous voudrions rappeler que l'extrême pauvreté frappe plus d'un milliard de personnes qui vivent avec moins d'un dollar par jour. Dans l'Afrique sub-saharienne, environ 300 millions de personnes vivent dans un état de pauvreté absolue. Des millions d'enfants continuent à mourir chaque année par manque de soins médicaux, d'eau potable, de logement décent et de nourriture correcte, tandis que 24 000 personnes meurent par jour pour des raisons liées à la faim. Au niveau de progrès technologique et de production agricole auquel nous sommes arrivés aujourd'hui dans le monde, la persistance de cette situation est économiquement irrationnelle, politiquement inacceptable et moralement honteuse. »

Cette *« Action contre la faim »* est encore une initiative du président brésilien et ce sont les discours d'introduction de Lula[2], de Kofi Annan (SG de l'ONU) et des leaders mondiaux qui y ont immédiatement adhéré (les présidents français Chirac, chilien Lagos et espagnol Zapatero) qui accueillent les chefs d'État et de gouvernement dans les salles du Conseil économique et social de l'ONU. Au début de la dernière session de l'Assemblée générale de l'ONU, Lula a créé, avec l'Inde et l'Afrique du

[1] *«Action contre la faim et la pauvreté »*.

[2] L'ancien syndicaliste a dit avec ironie qu'il n'était pas venu seulement « pour rappeler que la faim est une arme de destruction massive qui tue 24 000 personnes par jour et onze enfants chaque minute et qui touche presque un quart de la population mondiale», mais qu'il était venu « pour trouver des solutions».

Sud, un nouveau fonds international pour la lutte contre la pauvreté. Les nouvelles mesures à l'étude pour trouver des ressources sont, par exemple, l'imposition d'une taxe sur la vente d'armes, sur les transactions financières et aussi sur les investissements socialement responsables.

En cette période de réformes probables et souhaitées de l'ONU, le Brésil déclare clairement sa volonté d'avoir plus de poids sur la scène internationale et par conséquent d'avoir un siège permanent au Conseil de sécurité (lequel, selon Lula, devrait être remanié en tenant compte en particulier du poids croissant des pays en voie de développement). Le Brésil, comme d'autres pays, qui n'ont pas eu voix au chapitre ces dernières décennies, veulent aujourd'hui l'obtenir.

Le Conseil de Sécurité, organe permanent de l'ONU, est la pièce maîtresse du système des Nations-Unies. Il est investi de la responsabilité du maintien de la Paix et de la Sécurité dans le monde. Ses quinze membres, dont seulement cinq permanents[1], disposent de pouvoirs étendus, même si la crise irakienne est venue ébranler le système, à cause de l'unilatéralisme mis en œuvre par les USA (et UK, son allié inconditionnel). Nés il y a 60 ans, l'ONU et le Conseil (dont l'autorité fut bafouée par l'invasion US de l'Irak et par G.W. Bush appelant l'ONU « à se soumettre ou à se démettre ») ont besoin aujourd'hui d'une réforme qui les adapte au monde de 2005. Le « nouveau Sud » n'est plus le « Tiers Monde » de l'après-guerre. De grandes puissances émergentes réclament leur part de gouvernance mondiale, et parmi elles le Brésil et l'Inde.

La diplomatie brésilienne est hyperactive depuis quelques années en vue d'obtenir pour son pays un siège de membre permanent au Conseil de Sécurité, appelé à s'élargir. En cela, le Brésil n'est pas seul : sur les rangs se trouvent, entre autres, l'Inde, le Japon, l'Allemagne, et même l'Argentine. Mais les succès diplomatiques de Lula et les nombreux sommets qu'il organise et co-préside semblent militer en sa faveur.

Petit à petit, du G20 au G90 (formé à Cancun avec les PPTE[2] africains), de Porto Alegre à Davos, de Pékin à Moscou, Lula rassemble des alliés et se fait reconnaître comme le défenseur incontournable des pays du Sud. La stratégie est claire : « Se poser à la fois en leader des pays émergents et en défenseur des pauvres et des affamés dans le monde : un des « coups » les plus réussis de la diplomatie brésilienne donne une bonne idée de ses atouts réels. Ayant accepté de prendre la tête d'une mission de « casques bleus » en Haïti, en pleine guerre civile, le Brésil a eu l'idée, pour attirer sur ses troupes la sympathie de la population, d'organiser un match de football avec la célèbre *« Seleçao »* nationale brésilienne. La venue des footballeurs brésiliens, très populaires, a été l'occasion d'une gigantesque fête : un

[1] Chine, Russie, USA, UK, France.
[2] Pays Pauvres Très Endettés.

million de personnes est descendu dans les rues pour les voir défiler à bord des blindés brésiliens repeints aux couleurs de l'ONU. Exercer un rôle de puissance militaire au nom de l'ONU, aider le pays le plus pauvre du continent, et capitaliser sur le plan diplomatique et politique le prestige du quintuple champion du monde de football, jolie manoeuvre ! » [1]

Depuis son accession à la présidence, Lula est déjà intervenu comme médiateur dans de nombreuses situations internationales : par exemple dans les crises politiques du continent sud-américain (Bolivie, Venezuela,...). Il est très visible au premier rang pour critiquer l'unilatéralisme et le protectionnisme états-uniens et les volontés d'hégémonisme. Son action internationale est respectée et sollicitée. Lula milite aussi activement pour la création d'un « Fonds Mondial contre la Faim ». Enfin le Brésil de Lula postule pour entrer dans le cercle des nations développées de l'OCDE.[2]

« A retenir : la montée en puissance de l'Inde, du Brésil et de la Chine. Chacun de ces trois pays veut désormais jouer en solo, quitte à passer des accords ponctuels sur telle ou telle question. De fait, les intérêts de ces trois pays ne sont pas obligatoirement identiques, loin de là, mais en se coulant dans le moule du libéralisme, ces pays continents adoptent aujourd'hui au sein de l'OMC les mêmes principes que ceux qui régissent les États-Unis ou l'Europe. »[3]

Lors de la visite à Brasilia en novembre 2004 du président russe, une déclaration de soutien mutuel a été publiée, dans laquelle les deux chefs d'Etat ont plaidé pour une réforme de l'ONU. Vladimir Poutine « a réitéré l'appui de la Russie à la candidature du Brésil comme membre permanent du Conseil de Sécurité»[4] et Lula a réaffirmé le soutien brésilien à l'entrée de la Russie au sein de l'OMC. Poutine a enfin qualifié le Brésil de puissance dirigeante dans la région.

Au second trimestre 2005, un autre G4 s'est constitué regroupant Allemagne, Brésil, Inde, Japon, tous candidats aux postes qui seraient ouverts par un élargissement du Conseil de Sécurité et décidés à se soutenir mutuellement, tout en tâchant de rallier une majorité de suffrages.

Le 12 juillet 2005, l'ambassadeur du Brésil à l'ONU, Ronaldo Mota Sardenberg[5], a présenté le projet de résolution du G4 proposant le principe d'un élargissement du Conseil de Sécurité à vingt-cinq membres, contre quinze actuellement, en créant six nouveaux sièges permanents non dotés du droit de veto et quatre non-permanents.

---

[1] *« Un partenaire majeur sur la scène internationale »*, page 60, in *« Le Brésil, changement de cap ? »*, par Théry (Hervé), dossier N° 8042, *La Documentation Française*, mars 2005.

[2] OECD en anglais, ou *« Organisation for Economic Cooperation and Development »:* a son siège à Paris.

[3] Okba Lamrani, *l'Humanité*, 12 septembre 2003.

[4] SwissInfos, 11/2004.

[5] Ex-ministre de la Recherche du dernier gouvernement Cardoso (2001-2002).

A mi-juillet, le G4 pouvait compter sur le soutien de 23 pays, dont la France. Or, modifier la composition du Conseil exige un vote à la majorité des deux tiers, soit 128 voix sur 191, à l'Assemblée générale, où le veto n'existe pas. M. Sardenberg a déclaré que la proposition du G4 « constitue un pas historique dans la diplomatie multilatérale. »

Lors de leur sommet à Syrte (Libye), les dirigeants africains (plus de 50 pays) ont opté pour un élargissement à 26 membres, avec six nouveaux sièges permanents dotés du droit de veto dont deux pour l'Afrique. Le G4 leur offrirait ces deux sièges en échange de leur soutien.

Les pays voisins ou rivaux des pays du G4 par contre sont résolument contre ce type de réforme (la Chine, le Pakistan, l'Argentine) et aussi les USA. L'affaire va sûrement connaître de nombreux rebondissements, tractations et trahisons.

Le siège du Brésil n'est pas encore acquis !

52- LULA ET BRETTON WOODS

En visite à Brasilia début septembre 2004, Rodrigo Rato, DG du FMI, décernait un « satisfecit » public au Brésil : « L'administration du président Lula a poursuivi une politique macro-économique cohérente et formulé un agenda ambitieux de réformes structurelles ; ces politiques portent leurs fruits. » a-t-il déclaré.

« Depuis l'octroi, en 2002, d'un prêt de $US 30,4 milliards, rallongé de $US 6 milliards en 2003, le Brésil est le 1er débiteur du FMI. [...] Depuis son arrivée au *« Planalto »*, Lula envisage sa relation avec le FMI comme un « partenariat » et a entrepris de changer les règles du jeu. »[1]

Fort de son «aura» altermondialiste dans l'esprit de Porto Alegre[2] et de l'«état de grâce» dont il bénéficie auprès des Institutions Internationales, Lula n'a pas hésité en février 2004 à adresser à la Banque Mondiale et au FMI une critique sous forme de recommandation : « Les politiques qu'ils préconisent ne suffisent pas à remettre les pays émergents sur la voie du développement ; il faut donc que les institutions financières internationales intègrent maintenant dans leurs discours et leurs actions des mesures encourageant réellement la croissance, seule voie vers la lutte contre la

---

[1] Stern (Babette), *« Le FMI salue le redressement de l'économie brésilienne », Le Monde*, jeudi 9 septembre 2004, p. 6.

[2] Capitale de l'Etat brésilien de Rio Grande do Sul, gérée jusqu'en 2004 par le PT, siège en 2001, en 2002 et en 2003 des trois premières éditions du *Forum Social Mondial* (FSM), concurrent alter mondialiste du Sommet de Davos, lancé à l'initiative d'intellectuels brésiliens, du PT et d'intellectuels de gauche européens (*Le Monde Diplomatique*, le mouvement ATTAC). Après une version asiatique à Mumbay (Bombay en Inde), le FSM numéro 5 revient en 2005 à Porto Alegre.

pauvreté, la réduction des inégalités et l'accomplissement des objectifs du Millénaire. »[1]

En mars 2004, Lula proposait à Londres, Washington, Paris, Berlin, de changer le mode de calcul FMI de l'excédent primaire : le Brésil souhaite que « les investissements en infrastructure ne soient plus comptabilisés en dépenses ; cela donnerait une plus grande marge de manœuvre budgétaire, permettrait de financer dès maintenant davantage de programmes sociaux et donc de concrétiser davantage les promesses de Lula. »[2]

Concernant les pays « émergents », Lula a aussi fait en 2004 des propositions d'assouplissement de plusieurs règles du Fonds.

Fin mars 2005, le Brésil, conformément à ses intentions, a annoncé qu'il ne renouvellerait pas l'accord signé avec le FMI (alors qu'il en avait la possibilité) et maintiendrait simultanément une politique d'austérité fiscale. Cette décision volontariste a été prise au vu des bons résultats économiques de 2004 : hausse du PIB de 5,2% et excédent record de la balance extérieure des paiements.

Nul doute que la désignation en avril 2005 du candidat US[3], l'un des «faucons penseurs» de l'intervention unilatérale américaine en Irak, à la tête de la Banque Mondiale a dû désespérer Lula et sa diplomatie, d'autant plus qu'elle apparaît maintenant comme une tractation en échange du soutien US à la candidature Lamy à l'OMC.

Sauf miracle, on peut imaginer que les défiances de beaucoup de pays du Sud (dont le Brésil) à l'égard de ces deux organismes internationaux ne feront que croître dans le futur, s'ils n'arrivent pas à en infléchir le cours et le fonctionnement.

53- LULA, LE G20 ET L'OMC

Depuis deux ans, Lula trouve des alliés au Sud pour contrer et tenter de réformer certaines règles de l'OMC jugées iniques, trop favorables aux pays du Nord. Ainsi voit-on apparaître un G3 (Brésil, Inde, Afrique du Sud)[4], un G4 (les mêmes plus la Chine) : ces groupes de pays, additionnant leurs poids économiques et leurs marchés de 2,5 à 3 milliards d'habitants, sont à même de peser au sein de l'OMC face aux USA et à l'Occident tout entier.

---

[1] MINEFI-DREE/TRESOR, Réseau des Missions Economiques d'Amérique Latine et des Caraïbes, *« Revue Amérique Latine »*, numéro 12, page 2, février 2004.

[2] Monclaire (Stéphane), *« Un premier bilan de l'action du gouvernement Lula »*, page 8, in *Problèmes Economiques*, N° 2871, 16 mars 2005.

[3] *"Paul Wolfowitz tapped by Bush for the World Bank. Deputy Defense Secretary, one of the main advocates of Iraqi war."* (March 16, 2005: 1:39 PM Est Washington) ; "President Bush said Wednesday that Deputy Defense Secretary Paul Wolfowitz is his choice to be president of the World Bank." (CNN, 3/16/05).

[4] C'est ce même G3 qui a remporté une victoire en juin 2003 contre les multinationales pharmaceutiques en obtenant de démocratiser dans le tiers monde l'accès aux soins anti-sida.

C'est ce que l'on a vu à Cancun en 2003, avec ce qui fut appelé un échec de l'OMC et qui serait plutôt une victoire[1] pour les diplomates et négociateurs brésiliens, qui ont réussi sur le dossier du coton africain (versus le coton subventionné des grands planteurs du sud des USA) à fédérer un G20 ou G22 pour la défense de pays pauvres PPTE (notamment africains), dépendant des cours mondiaux de ce produit (devenu monoculture chez eux avec la colonisation).

« Tout cela a été dit ou redit à Cancun. On y a rappelé aussi que les pays développés avaient pourtant accepté en 2001 à Doha, lors de la 4e Conférence ministérielle de l'OMC, de « réduire toutes les formes de subventions à l'exportation en vue de leur retrait progressif ». Une offre de l'Union européenne d'éliminer progressivement les subventions à l'exportation sur des produits cruciaux pour les pays en développement et de réduire les autres n'a pas convaincu à Cancun. Il y manquait l'essentiel: une date effective d'application. Autour du Brésil a alors surgi un inattendu G21, agrandi ensuite en G22, soit un bloc de 22 pays émergents ou en développement, premier véritable contrepoids, au sein de l'OMC, à l'influence des Etats-Unis et de l'Union européenne. Ce bloc représente la moitié de la population et les deux tiers des agriculteurs de la planète. Outre le Brésil, il comprend les autres pays importants d'Amérique latine (Mexique, Argentine, Chili, Venezuela, Colombie et Pérou, renforcés par Cuba, la Bolivie, le Costa Rica, l'Equateur, le Guatemala et le Paraguay). On y trouve des géants tels que la Chine et l'Inde. L'Egypte, le Pakistan, l'Indonésie, les Philippines, la Malaisie, la Thaïlande et l'Afrique du Sud complètent la liste. Malgré leurs intérêts divers et parfois divergents, ces pays sont restés inflexibles, à Cancun, sur le dossier agricole. »[2]

La 5ème conférence ministérielle de l'OMC s'achève sans position commune, le 14 septembre 2003. Tout y est dans le paysage de redistribution des cartes en ce début de XXIème siècle, où le Sud réclame sa part du gâteau et des décisions : tensions Nord-Sud, poids montant des pays émergents, irruption des pays les moins avancés, difficultés entre UE et USA, contestations altermondialistes.

Concernant les négociations agricoles : les trois questions en suspens n'ont pas été tranchées à Cancun (les droits de douane, le soutien aux exportations, les aides aux agriculteurs). Logiquement, les pays en

---

[1] Cette victoire n'est pas dénuée d'ambiguïté : en effet, ce sont « les grandes exploitations brésiliennes qui sont les gagnantes de la future politique commerciale internationale qui se dessine ; le développement des cultures d'exportation s'est fait au détriment des cultures vivrières et de l'approvisionnement des marchés locaux sur fond de pauvreté : 44 millions de Brésiliens souffrent ainsi de malnutrition. » (Laurence Estival, *« OMC : L'accord des éléphants ; contradictions brésiliennes »*, *Alternatives Economiques*, N°228, septembre 2004, page 30).

[2] LatinReporters.com, Madrid, 16 septembre 2003.

développement, des pays émergents aux pays les moins avancés, font du dossier agricole leur priorité.

Cancun a permis d'écouter *« le cri des pauvres, qui résistent à ce que veulent imposer les pays riches »* a commenté pour sa part l'actuel ministre brésilien de l'Agriculture, Roberto Rodrigues. Selon lui, à partir du 1er janvier 2004, son pays demanderait aux instances juridiques de l'OMC de se prononcer sur l'élimination des subsides agricoles qui perturbent les marchés, une « clause de paix » de l'accord agricole de 1994 expirant le 31 décembre. Le Brésil évalue à dix milliards de dollars les pertes annuelles que lui feraient subir les subventions des pays riches à leurs agriculteurs.

Lula affirme que la réunion de Cancun n'est pas un échec pour les pays en développement, car elle a repoussé la politique de subventions des pays développés. « Nous n'avons pas obtenu ce que nous voulions, mais nous n'avons pas non plus consolidé les mesures protectionnistes des industrialisés » précise-t-il.

L'initiative du Brésil à Cancun renforce l'influence diplomatique de Brasilia. Selon le ministre brésilien des Relations Extérieures, Celso Amorim, « ténor » de la réunion de Cancun, un naufrage passager était nécessaire pour aboutir plus tard à des accords équitables au sein de l'OMC : « Il s'agit d'un processus de négociation qui ne s'arrête jamais : nous allons en sortir renforcés » a estimé le chef de la diplomatie brésilienne, applaudi par les ONG lors d'une conférence de presse.

« Le Groupe des 22[1], représentant plus de la moitié de la population mondiale, a déposé le 20 août 2003 à l'OMC une proposition demandant aux pays riches de réduire de façon substantielle les subventions agricoles qui constituent une entrave au commerce, et d'éliminer toutes formes d'aide à l'exportation. Considérant les efforts des pays du Nord insuffisants, le G-21 a rejeté le projet de déclaration finale. L'initiative présentée par quatre pays africains producteurs de coton (Bénin, Burkina Faso, Mali et Tchad) visait à obtenir l'élimination totale des subventions des pays du Nord, en particulier des Etats-Unis, et une indemnisation financière pour les pertes subies. Son rejet dans le projet de déclaration finale a provoqué la colère des PMA (pays les moins avancés) et des pays ACP (Afrique, Caraïbes, Pacifique). [...] Suite à l'absence de compromis sur le dossier agricole, l'ouverture de négociations sur les nouveaux sujets dits « de Singapour » (investissements, concurrence, marchés publics, facilitation des échanges) est rejetée à Cancun, notamment par le groupe des pays africains. La Déclaration de Doha avait décidé d'incorporer de façon systématique, dans chaque négociation, le traitement spécial et différencié, qui a pour objet de prendre en compte les besoins particuliers des pays en développement. Les PED,

---

[1] Coalition de vingt-et-un puis vingt-deux pays en développement constituée pour la conférence de Cancun, parmi lesquels la Chine, l'Inde et le Brésil.

notamment africains, ont une forte attente sur la mise en oeuvre de ces décisions. »[1]

Sur la question de l'accès des pays pauvres aux médicaments, la grande majorité des pays touchés par la crise sanitaire, doivent se tourner vers des producteurs étrangers, faute de pouvoir les fabriquer eux-mêmes. Le veto des Etats-Unis, soucieux de protéger leur industrie pharmaceutique, avait empêché les Etats membres de s'entendre avant l'échéance de fin décembre 2002 sur ce sujet essentiel pour les pays du Sud.

Le 30 août 2003, les 146 Etats membres signent un accord, après huit mois de blocage, qui devrait autoriser, l'importation de médicaments génériques par les pays pauvres, démunis d'industrie pharmaceutique. Encore une fois, le Brésil a été à l'origine de cette lutte et de cette victoire pour les pays du Sud, puisque c'était le ministre de la Santé de Cardoso, Roberto Serra[2], qui entama ce bras de fer avec les multinationales pharmaceutiques, avec le fort soutien de l'Afrique du Sud.

Figure 20:
Les pays membres du G20

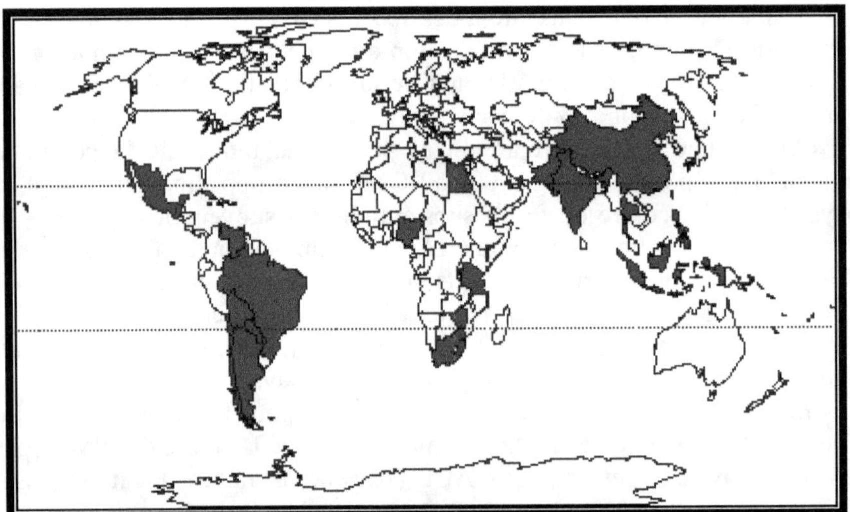

(Source : MDIC, Brasilia, 2003)

[1] Voir le compte rendu de la réunion de l'OMC à Cancun, *La Documentation Française*, www.ladocumentationfrançaise.fr

[2] Député du PSDB (parti de Cardoso) qui fut candidat malheureux à la Présidence de la République du Brésil en 2002 contre Lula, puis qui fut élu maire de Sao Paulo aux dernières municipales en battant Martha Suplicy du PT, qui a beaucoup déçu les électeurs de la plus grande ville du continent (15 millions d'habitants). Nul doute qu'on le retrouvera à la prochaine présidentielle brésilienne d'octobre 2006, soit comme candidat, soit comme appui au candidat du PSDB.

En 2004, à Genève, le Brésil à nouveau a eu un rôle déterminant dans l'avancée des négociations paralysées à Cancun, faisant reculer l'UE[1]. Si l'on se souvient que l'OMC a été créée par les fondateurs des Nations Unies[2] pour éviter l'anarchie dans le monde du commerce et favoriser la justice (échanges équitables) en instituant des règles en matière de commerce international et d'échanges économiques, il est évident que le monde a beaucoup changé depuis 60 ans et que des réformes seront inévitables.

Fin mai 2005 a été élu le nouveau Directeur Général de l'OMC[3]. Le Brésil avait un candidat, Luis Felipe Seixas Correa, mais l'a retiré le 18 avril 2005 après un 1er tour de consultation. Toute l'Amérique du Sud et le G20 soutenaient alors le candidat uruguayen, Carlos Perez del Castillo, qui lui a dû se retirer le 13 mai après un 3ème tour de consultations.

Le français Pascal Lamy[4], soutenu par l'UE et les USA, se retrouvait donc seul candidat le 13 mai et était désigné DG de l'OMC le 26 mai 2005[5]. Fair-play, le Ministre brésilien des Affaires Etrangères, Celso Amorim, a déclaré accorder « sa pleine confiance à un nouveau DG prêt à renforcer le système multilatéral » et son allié sud-africain, Thabo Mbeki s'est dit « prêt à travailler avec M. Lamy pour traiter des défis qui attendent les pays en développement. »[6]

Espérons que le nouveau directeur général, qui a pris ses fonctions le 1er septembre 2005, saura écouter les voix du Sud et être l'homme de ces

---

[1] Genève, dimanche 1er août 2004 (LatinReporters.com) – « Cent quarante-sept pays de l'Organisation mondiale du commerce ont conclu dans la nuit de samedi à dimanche à Genève un accord-cadre relançant la libéralisation du commerce mondial. Sous la pression de pays émergents ou en développement conduits par le Brésil l'Union européenne a accepté pour la première fois le principe de l'élimination des ses subventions aux exportations agricoles. Parallèlement, les Etats-Unis devraient limiter leurs crédits aux exportations. »

[2] Le GATT (*Accord Général sur les Tarifs Douaniers*) en 1947, puis l'OMC début 1995. En 2002, l'OMC, dont le siège est à Genève, gère un commerce de 8000 milliards d'euros

[3] Peter Sutherland, ancien DG de l'OMC et Président actuel de Goldman Sachs International, répondant début mai à la question : « La majorité des membres de l'OMC sont PED : le DG ne doit-il pas émaner de cette majorité ? » déclare que « Le futur DG de l'OMC ne doit pas être choisi sur ses origines ; il doit être le gardien des buts fondamentaux de l'OMC et de ses principes. » (*La Croix*, 3 mai 2005).

[4] L'ex-Commissaire Européen en charge du Commerce, 58 ans, de nationalité française avait pourtant critiqué l'OMC après l'échec de Cancun, la taxant d' « organisation médiévale nécessitant des soins intensifs ».

[5] Stern (Babette), *« Le français Pascal Lamy, soutenu par Washington, dirigera l'OMC », Le Monde*, 15-16 mai 2005, p. 2 : « A l'issue d'un 3e tour de consultations et de 4 jours de débat, la Kényane Amina Mohammed, chargée de la procédure de sélection, a recommandé aux 148 Etats membres de désigner l'ancien commissaire européen au commerce à ce poste….M. Lamy dispose de plus de soutiens que son challenger, l'Uruguayen Carlos Perez del Castillo…..Certains pays ont des contentieux commerciaux avec l'Europe et ont maille à partir avec l'ancien commissaire européen au commerce. D'autres peuvent déplorer que ce ne soit pas un représentant d'un PED. qui prenne les rênes de l'OMC. D'autres enfin, comme la Chine (montrée du doigt pour ses exportations textiles), l'Australie et la Nouvelle-Zélande (opposants farouches des subventions agricoles de l'UE) peuvent faire payer au prix fort leur ralliement.

[6] Stern (Babette), *« Défis du Développement », Le Monde*, p.2, 15-16/05/2005.

mutations, lui qui déclare que « l'OMC est le socle indispensable d'un développement à peu près maîtrisé. »[1]

Le Brésil prépare certainement déjà sa prochaine initiative sur le plan international, construisant sur l'acquis des coalitions qu'il a su fédérer à Cancun, pour contrer efficacement l'hégémonie occidentale (USA et UE).

N'oublions pas non plus que la Chine n'a rejoint l'OMC qu'en 2001, et que les conséquences en apparaissent chaque jour sur les marchés mondiaux (prix du pétrole, pénurie d'acier, invasion de textiles chinois,...).

Dans l'immédiat, le premier défi est de relancer le *« cycle de négociations de Doha »* en panne depuis Cancun (septembre 2003). En effet, « la prochaine étape majeure est la conférence ministérielle du 13 au 18 décembre 2005 à Hongkong. Les pays membres devront approuver « les modalités », c'est-à-dire l'architecture générale d'un accord final. [...] Une ébauche du texte pourrait être approuvée fin juillet à Genève, après une conférence ministérielle prévue mi-juillet 2005 en Chine avec une trentaine de membres. »[2]

---

[1] Zecchini (Laurent), *« Un socialiste libéral au chevet d'une « organisation médiévale » »*, *Le Monde*, p. 2, 15-16/05/2005.

[2] Stern (Babette), *« Objectif prioritaire : achever le cycle de Doha »*, *Le Monde*, p. 2, 15-16/05/2005.

CONCLUSION ET PERSPECTIVES

Au terme de ces recherches conduites de mi-2004 à fin 2005, il semble que, sur la problématique exposée en introduction, l'Histoire s'accélère, voire s'emballe. En effet, depuis Cancun et le « vrai-faux » échec de l'OMC (échec pour l'UE et les USA mais victoire d'étape pour le Brésil et le G20), il apparaît à la veille de l'année 2006, qu'au-delà des troubles assassins, devenus hélas récurrents, que génère la nébuleuse terroriste *Al-Qaeda*, la scène politique, diplomatique et économique internationale n'a jamais été autant occupée par les grands pays du Sud, souvent emmenés par le Brésil.

L'émergence fracassante de la toute puissance de la Chine, boulimique en matières premières et en produits, éclate, grâce à son appartenance à l'OMC et surtout depuis 2004, comme un tonnerre d'orage sur les marchés affolés de l'acier, du pétrole, de l'exportation des textiles.

Tout bouge et va continuer de bouger, alors que l'Empire Américain s'enlise au Moyen-Orient.

En *« Extrême-Occident »*[1] par contre, le géant Brésil, démocratisé depuis 20 ans et « économiquement plus correct » au regard du FMI depuis Cardoso (1984-2002), en passe de devenir la nouvelle *« ferme du monde »*[2] , médaille d'or pour de nombreux produits agricoles (sucre, café, jus d'oranges, tabac, poulets, bœuf), surprend le monde par son énergie, son orthodoxie financière, son efficacité commerciale, son « leadership » régional et ses combats mondiaux.

---

[1] Expression qui désigne le continent latino-américain, devenue célèbre depuis 1987 avec la publication du livre : *Amérique Latine : Introduction à l'Extrême-Occident* (éditions du Seuil, Paris, 1987) d'Alain Rouquié, diplomate, ex-Ambassadeur à Mexico et Brasilia, actuel Président de la Maison de l'Amérique Latine.

[2] Caramel (Laurence), *« Quand le Brésil deviendra la ferme du monde : le géant sud-américain rêve de détrôner les Etats-Unis et l'Europe sur le marché agricole »*, *Le Monde Economie*, mardi 24 mai 2005, p.I.

Le « responsable-coupable » en est bien sûr d'abord le pays lui-même avec son Histoire et ses potentiels, loin d'être épuisés, mais surtout, comme nous l'avons vu dans la seconde partie de ce livre, le nouveau président Luis Inacio da Silva, qui a accédé démocratiquement au pouvoir suprême dans son pays fin 2002, à la 4e tentative. Diabolisé par les marchés de Washington à Madrid durant la période préélectorale, il a su bien s'entourer, début 2003, pour réparer les dégâts et reconstruire du plus solide, sur le socle légué par les deux mandats de F.H. Cardoso, père du *« Plano Real »*.

Lula est déjà parvenu en trente mois à dépasser les espérances des marchés internationaux : il reçoit les éloges de *Bretton Woods* et de Condoleeza Rice, c'est dire !

Jamais, historiquement, le commerce extérieur brésilien n'a connu de tels excédents.

Jamais les exportations n'ont été aussi élevées et conquérantes de nouveaux territoires en croissance, notamment asiatiques. L'ex-président Cardoso[1], dans ses bureaux de consultant à São Paulo, en serait presque jaloux !

Dans le Brésil profond par contre, le MST, le PT et les Brésiliens pauvres attendent désespérément des mesures sociales, que les objectifs fixés par le FMI, atteints et même dépassés, n'ont pas encore permis à Lula de réaliser. Le programme *« Fome Zero »* est à peine au milieu du gué : des maladresses d'organisation, un manque certain de coordination ministérielle et de moyens – sollicités en priorité par le service de la dette (c'est d'ailleurs pourquoi Lula a proposé une réforme du FMI, sur la définition de l'excédent budgétaire) ont fait remettre à demain le social qu'attendent les Brésiliens qui l'ont élu en 2002.

Promesses électorales à ce jour non tenues.

Mais le temps presse déjà.

Le président doit mener toutes les batailles de front.

Exigence de réformes du FMI et de l'OMC, lutte contre la faim et la pauvreté au niveau mondial et national, campagne pour l'obtention d'un siège de membre permanent au Conseil de Sécurité de l'ONU, « casques bleus » et footballeurs brésiliens en Haïti, alliances stratégiques avec l'Afrique du Sud, la Chine et l'Inde, signatures d'accords commerciaux inédits avec l'Asie au nom du Brésil et du Mercosur, accélération de l'intégration de l'Amérique Latine sous leadership Mercosur et brésilien, contrer l'ALCA en la rendant définitivement « light »...

Lula veut être sur tous les fronts extérieurs à la fois !

Certains signaux pourtant ne vont pas forcément dans son sens.

D'une part, l'arrivée à la tête de la Banque Mondiale d'un « faucon » de Bush, le stratège de la 2e déclaration de guerre à l'Iraq, Paul Wolfowitz, et

[1] FHC a créé sa fondation et s'est rapproché de celle de son ami Jimmy Carter.

peut-être, vue de Brasilia, celle du français Pascal Lamy à la tête de l'OMC. Autant de réponses des USA et de l'UE à l' « échec de Cancun » et à la victoire brésilienne avec le G20 ?

D'autre part, l'irruption hégémonique de la Chine dans le champ de l'économie mondiale, facteur de raréfaction de nombreuses matières premières d'une part et grand producteur à bas prix. Une Chine sans états d'âme, quand il s'agit d'économie notamment, ce qui n'en fait pas forcément un allié idéologique de ce Sud que Lula cherche à fédérer dans la lutte pour le partage des pouvoirs mondiaux détenus encore par les pays du Nord.

La décennie à venir réserve bien des surprises : certaines auront un goût amer pour le Brésil.

Clairement, Lula a trop négligé l'action au sein de son propre pays, en faveur du peuple de gauche qui l'a élu. Il s'est donné beaucoup (trop ?) de temps pour assainir l'économie et, avec Palocci, la divine surprise de Bretton Woods, il a fait mieux, sur plusieurs critères financiers, que les exigences du FMI. Le Brésil de Palocci et Lula ne vient-il pas, début 2005, de se payer le luxe de se priver volontairement du prochain prêt du FMI ?

Or, la réduction des écarts de revenus brésiliens[1] était une promesse électorale de Lula ainsi que les 10 millions d'emplois à créer : les écarts n'ont pas encore été réduits à ce jour et guère plus de deux millions d'emplois auraient été créés.

La grogne de gauche gronde. Le MST a organisé une grande marche[2] sur Brasilia il y a quelques mois.

Le temps est compté maintenant à Lula.

D'autant plus que, depuis mai 2005, une avalanche de scandales de corruption touche au cœur le PT et le gouvernement Lula.

Dévoilés semaine après semaine par la libre presse brésilienne et par les dénonciations (vraies) de députés (véreux), ces scandales[3] ont créé un état de crise politique très grave qui a déjà entraîné le 16 juin 2005 la démission[4] de José Dirceu, ministre chef de la « Casa Civil » (faisant office de premier ministre[5] et siégeant aux Conseils d'Administration des grandes entreprises

---

[1] Rappelons la formule lapidaire de l'ex-président Cardoso : « Le Brésil est un pays très riche… et très injuste. ». Les écarts de revenus y sont effectivement parmi les plus larges du monde.

[2] Marche de 200 000 personnes sur 250 kilomètres, achevée en manifestation devant le Planalto, palais présidentiel.

[3] Notamment les achats systématiques des votes de députés de l'opposition par versements mensuels de 10 000 réais par personne - *mensalao* - effectués par le PT.

[4] Ainsi que, le 4 juillet, de celle du secrétaire général du PT, Silvio Pereira, puis le 5 et le 9 juillet de deux directeurs exécutifs du PT, Delubio Soares (trésorier du PT) et Marcelo Sereno, puis le 9 juillet toujours de celle du chef du PT, José Genoino…

[5] Il a été remplacé à *la « Casa Civil »* par Dilma Roussef, jusqu'alors efficace ministre du Pétrole, des Mines et de l'Energie. Energie dont ne manque pas cette ancienne *guerillera* des sombres années de la dictature.

nationales[1]). Un laborieux remaniement ministériel a commencé début juillet[2].

L'effet « domino » est en marche et culbute l'un après l'autre les ténors du premier cercle du pouvoir. A qui le tour ? demande la presse d'opinion. La question maintenant est : *« Ele sabia ? »*, c'est-à-dire « Lula savait-il ? », comme l'affiche en couverture l'hebdomadaire *« Veja[3] »* du 13 juillet 2005. Probablement. Mais le Brésil ne souhaite pas revivre 13 ans après (destitution du président Collor en 1992) la honte et le tremblement de terre politique de la chute d'un autre président. Le *« Jornal do Brasil »* du 12 juillet 2005 s'interroge en effet sur l' *« impeachment »* de Lula :

« A continuer comme cela, ils[4] termineront tous par être suspects, après avoir obstrué le travail de la justice, suspects de complicité avec ceux qu'ils n'ont pas voulu épurer. »[5] Ebranlé comme beaucoup de gens du peuple, le journaliste ajoute : « Ce qui arrive avec le Parti des travailleurs n'est pas seulement une tragédie pour ses militants. C'en est une pour tous ceux qui ont cru aux changements fondés sur la conquête de l'hégémonie et la prise de positions. Malheureusement leur démoralisation vient renforcer la tendance croissante au scepticisme sur le rôle des institutions démocratiques déjà en chute libre. »[6]

Et pourtant, n'aurait-il pas été normal de penser, à mi-mandat de ce premier président brésilien de gauche, que le pays avait besoin qu'il puisse poursuivre sur la voie internationale tout ce qu'il avait si bien engagé, mais aussi qu'il ait les moyens avant fin 2006 de traiter le « social » dans son propre pays ?

---

[1] Petrobras (pétrole et gaz), Eletrobras (électricité), Varig (compagnie aérienne), et autres dinosaures nationaux qui servent de réserve d'argent frais au parti au pouvoir, depuis 2003 le PT, qui y a fait monter dans les hiérarchies de l'ordre de 20 000 membres.

[2] Le PT, minoritaire dans les deux assemblées, doit logiquement former une coalition (comme avait dû le faire Cardoso durant ses deux mandats). Mais Lula a choisi de s'allier au plus gros parti (de droite), le PMDB, qui exige 4 ou 5 ministères pour cela. D'une part cela divise et le PT (l'aile la plus à gauche, dure si ce n'est pure) et le PMDB qui se divise (seule une moitié de ses députés accepterait de voter pour les futures réformes) et exclut les nouveaux ministres PMDB du nouveau gouvernement Lula de juillet 2005. Cette alliance contre nature, consécutive aux scandales révélés ces deux derniers mois aura pour effet de paralyser Lula jusqu'à la fin de son premier (et peut-être dernier) mandat (fin 2006): les plus pauvres peuvent attendre !

[3] C'est le grand hebdomadaire *« Veja »* (www.veja.com.br) qui a recueilli les dénonciations du député d'opposition Jefferson, dont le parti PDT aurait été acheté pour s'allier au PT lors des municipales de 2004 : l'accord supposait le versement par le PT de 48 millions de Reais (1 US$ = 3.35 Real en juin 2005) ; mais le PDT n'aurait reçu que 4 millions et Jefferson, accusé de corruption par la Justice fédérale, se venge...ce qui a entraîné une cascade d'autres dénonciations et révélations. Sans parler d'épisodes rocambolesques de valises de billets, transportées par divers députés ou leurs proches (l'un d'eux transportait aussi $100 000 en billets dans son caleçon), ouvertes par la police fédérale début juillet aux aéroports de Sao Paulo et Brasilia ! D'après « Veja » du 13/07/2005 page 70 *(« Ja passou do bilhao »)*, le scandale dépasserait déjà 1 milliard de reais détournés.

[4] Les responsables du parti et du gouvernement, membres du PT.

[5] Temer (Milton), *Jornal do Brasil* (JdB), 12/07/05, *« O PT e o « impeachment » de Lula »*, p. A11.

[6] *JdB*, ibid.

Ne serait-il pas toujours souhaitable que Lula, leader historique de la gauche populaire brésilienne, élu démocratiquement, qui n'a ni les accents populistes et imprévisibles d'un Chavez fougueux ni les dérives dictatoriales d'un Castro en fin de règne, ne connaisse pas la descente aux enfers d'un Allende (poids de la dette), ni celle d'un Collor (*« impeachment »*) ? Qu'il soit réélu en 2006[1] et parachève ses desseins dans son pays ?

Ne serait-il pas souhaitable aussi qu'il fasse encore progresser sa région vers plus d'intégration politico-économique, ce continent sud-américain dont l'unité avance et s'arrête au gré des crises de son propre pays et des pays voisins (Argentine, Bolivie)?

Ne serait-il pas souhaitable enfin que ce premier gouvernement de gauche à Brasilia, qui a soulevé tant d'espérances au Sud, réussisse et soit cloné dans d'autres grands pays émergents ?

Car enfin, ce n'est que depuis deux décennies à peine, avec la fin des dictatures militaires sur ce continent, que ces nations ont fait l'apprentissage de la démocratie, non sans erreurs et déboires.

Mais, au Brésil, plus qu'ailleurs en *« Extrême Occident »*, l'Histoire enregistre des progrès certains.

La mondialisation nouvelle lui jouera certes encore bien des tours, mais les fondamentaux économiques du pays sont devenus sains. Le Brésil exporte toujours plus, dont toujours plus de produits finis. Le niveau de développement du « Brésil des Etats du Sud » ne dépasse t-il pas celui de la plupart des Etats nouveaux venus dans l'Union Européenne ?

Bien sûr, ici comme chez nous, des hommes politiques resteront faibles et vénaux. Bien sûr les solides habitudes clientélistes et corruptrices ne disparaîtrons pas du jour au lendemain.

Mais le Brésil progressera et apprendra en surmontant ses crises, comme toujours dans son Histoire, à l'instar de Sisyphe roulant son rocher puis recommençant inlassablement.

A l'image aussi de ces esclaves devenus libres, de ce peuple métissé riche des qualités réunies de la plupart des peuples de la terre : il saura, n'en doutons pas, relever les défis globaux du XXIème siècle qui vient de s'engager.

Car, « en Amérique Latine, il faut absolument développer des projets nationaux à long terme qui soient partagés par les institutions publiques, le secteur privé et la société civile. L'insertion dans le système commercial international doit être le noyau même de ces projets. Il s'agit maintenant de

---

[1] Depuis août 2005, les pronostics les plus divers pour la présidentielle d'octobre 2006 circulent : atteint par la crise qui décapite son parti et son entourage, Lula ne se représenterait que s'il est assuré de dépasser les 35% au 1er tour afin de l'emporter au second. Le PSDB aurait le choix entre plusieurs candidats bien placés (Alckmin, gouverneur de l'Etat de São Paulo ; Aecio Neves, gouverneur de l'Etat du Minas Gerais et ex-président de la chambre des députés en 2002 ; le plus probable serait Serra, maire de São Paulo, vainqueur de Martha Suplicy du PT, adversaire malheureux de Lula en octobre 2002.

développer une vision stratégique collective et un consensus social sur la question du positionnement des forces productives face à la mondialisation d'ici 10 ou 15 ans. »[1]

Le *jeitinho*[2] génial et inné des Senna et Guga, des Pelé, Ronaldo et Ronaldinho, de l'Aleijadinho[3], des *capoeiristes* ou des *favelados* , des politiciens de Brasilia comme des chefs d'entreprise de São Paulo, de Belo Horizonte ou de Porto Alegre, ce quelque chose de plus que Gilberto Freyre appelle « nos passes, nos feintes, notre imprévisibilité, ce quelque chose de danse et de *capoeira* qui marque le style brésilien » sortira avec le temps le Brésilien de la fange des ornières au fond desquelles se dilapide l'argent facile qui le fascine.

Alors, d'ici dix ou quinze ans, la *« Mapa Mundi »* des découvreurs Pedro Alvares Cabral et Amerigo Vespucci ne pourrait-elle pas avoir une toute autre allure que celle que le XXème siècle finissant a légué au monde ?

Un homme de conviction, Lula, avec ses faiblesses, sa foi et sa persévérance, et une *« Terre d'avenir »*, le Brésil, malgré ses crises, pourraient, espérons-le, avoir contribué à canaliser les forces vives des nations du Sud afin de rendre notre Terre plus vivable, plus humaine et plus juste pour les générations futures.

---

1 Conférence d'Enrique V. Iglesias, président de la BID, Paris (Maison de l'Amérique Latine), 12/10/2004.

2 Littéralement le « système D » brésilien ; la manière brésilienne habile et innovante de se sortir des mauvais pas.

3 Antonio Francisco Lisboa, dit l'*Aleijadinho* (1730-1814) c'est-à-dire *le petit estropié* : enfant naturel d'un architecte portugais et d'une esclave, il a marqué par son génie créateur le XVIII° siècle baroque brésilien. Architecte, sculpteur, peintre, décorateur, il est considéré comme le Michel-Ange brésilien.

BIBLIOGRAPHIE

1 - OUVRAGES GENERAUX

Arrao Reis (Daniel), *« DITADURA MILITAR, ESQUERDAS E SOCIEDADE »*, éditions Jorge Zahar, Rio de Janeiro, 2000, 85 pages.

Caldeira (Jorge), *« VIAGEM PELA HISTORIA DO BRASIL »,* édit. Companhia das Letras, Sao Paulo, 2000, 365 p.

Cardoso (F.H.) et Faletto (E.), *"DEPENDANCE ET DEVELOPPEMENT EN AMERIQUE LATINE"*, édit. Anthropos, Paris, 1978.

Cordellier (Serge), sous la direction de, *« LE DICTIONNAIRE HISTORIQUE ET GEOPOLITIQUE DU 20e SIECLE »,* édit. La Découverte, Paris, 2000, 735 p.

Freyre (Gilberto), *« MAÎTRES ET ESCLAVES »,* édit. Gallimard « Bibliothèque des Histoires », Paris, 1974, 550 p. (1ère édition pour la traduction française : 1952 ; 1ère édition brésilienne : 1933).

Rouquié (Alain), « AMERIQUE LATINE: INTRODUCTION A L'EXTREME-OCCIDENT », édit. Seuil, Paris,1987.

Schmitt (Rogerio), *« PARTIDOS POLITICOS NO BRASIL (1945-2000) »*, edit. Jorge Zahar , Rio de Janeiro, 2000, 96 pages.

Ziegler (Jean), *« L'EMPIRE DE LA HONTE »,* édit. Fayard, Paris, 2005, 324 p.

Zweig (Stefan), *« LE BRESIL, TERRE D'AVENIR »,* édit. L'Aube, Paris, 1998, 380

2 – OUVRAGES SPECIALISES

D'Arcy F., « 18 MOIS APRES L'ACCESSION DE LULA AU POUVOIR, OU EN EST LE BRESIL ? », Les Etudes du CERI, juillet 2004.

Hofmeister (Wilhelm) et Trein (Franflin), *„ANUARIO BRASIL-EUROPA 2000, Instituiçoes e Integraçao"*, éditions Fondation Konrad Adenauer, Sao Paulo (Brésil), 2001, 240 p.

PriceWaterHouseCoopers, *« DOING BUSINESS AND INVESTING IN BRAZIL »,* édit. PWC, Sao Paulo, 2001, 312 p.

Rolland (Denis) et Chassin (Joëlle), *« POUR COMPRENDRE LE BRESIL DE LULA »,* édit. L'Harmattan, Paris, 2004, 336 p.

Théry (Hervé), *"LE BRESIL, CHANGEMENT DE CAP?",* La Documentation Française, Dossier N° 8042, 2005, 64 p.

3 – ARTICLES DE PRESSE

Alternatives Economiques, *« CE QUE VEUT LULA »,* numéro 217, septembre 2003.

Andrews (E.L.), *« BRAZIL SUSPICIOUS OF US PLANS FOR AMERICA TRADE ZONE »,* International Herald Tribune, October 31st, 2002.

Bastien (Daniel) et Ogier (Thierry), Les Echos, *« BRESIL : PARI GAGNE POUR LULA ? »,* Paris, 22 septembre 2004, p. 9.

Courrier International, *« BRESIL : LA RELANCE ECONOMIQUE SE CONFIRME »,* numéro 721, 01/09/2004.

Courrier International, « *VERS UN RAPPROCHEMENT AVEC LE MERCOSUR DE LA CAN*», numéro 662, 10/07/2003.

Courrier International, *« MADE IN BUSH »,* Hors-série Société, juin-juillet-août 2004, 114 p.

Courrier International et The Economist, *« LE MONDE EN 2004 »,* Hors-série numéro 23, décembre 2003-février 2004, 98 p.

DATA FOLHA, agence de sondage, 01/01/2005, Sao Paulo.

DIAL (Diffusion de l'Information sur l'Amérique Latine), bimensuel chrétien, numéros Brésil de 2002 à mi-2005, Lyon.

Gazeta Mercantil, quotidien de l'économie, 9-10 juillet 2005, Sao Paulo.

INFOSUD-IFS, agence de presse.

International Herald Tribune, « BRAZIL SUSPICIOUS OF US PLANS FOR AMERICAS TRADE ZONE », November 31th 2002.

International Herald Tribune, by Whelan (John), *« BRAZIL TOP DIPLOMAT FILLS OUT THE PLOT LINE »,* December 4h 2004.

Jeune Afrique, l'Intelligent, *« LE TROPISME AFRICAIN DE LULA »,* numéro 2274, pages 60-62, 8-14/08/2004.

La Croix, « LES EXPORTATIONS BRESILIENNES N'ONT JAMAIS ETE AUSSI DYNAMIQUES », 22 janvier 2005.

Lamrani (Okba), L'Humanité, 12 septembre 2003.

Latin American Weekly report, *« IN THE WAKE OF CANCUN, MORE ASSERTIVENESS »,* September 16th, 2003.

LatinReporters.com, agence de presse spécialisée sur le continent latino-américain, Genève, 1er août 2004.

La Tribune, « *LULA POURSUIT A PARIS SA CROISADE CONTRE LE PROTECTIONNISME OCCIDENTAL* », Paris, 29 janvier 2003.

Le Quotidien du Peuple, Pékin, avril 2004.

Les Echos, « EN PLEINE CRISE, LE MERCOSUR S'AGRANDIT », 20 décembre 2004

Le Monde, *« DISCOURS DE LULA »,* Paris, 19 février 2003.

Le Monde, « *UN COMMONWEALTH SUD-AMERICAIN DES NATIONS VERRA LE JOUR EN DECEMBRE* », Paris, 6 novembre 2004.

Le Monde, « *LA F.I.E.S.P. CRITIQUE LE GOUVERNEMENT SUR LA CHINE* », Paris, 16 novembre 2004.

Le Monde, « *LE FMI SE FELICITE DE LA POLITIQUE ECONOMIQUE DU BRESIL* », Paris, 24 mars 2005.

Le Monde, « *QUAND LE BRESIL DEVIENDRA LA FERME DU MONDE* », Paris, 24 mai 2005

L'Humanité, « *BRESIL : UN NOUVEL ESPACE MONDIAL » (ENTRETIEN AVEC MARC AURELIO GARCIA)*, Paris, 13 février 2003.

L'Humanité, « *LE MERCOSUR SE REMET A L'HEURE D'OURO PRETO* », 22 décembre 2004

Malovic (Dorian), *« 1ER PRESIDENT DE GAUCHE EN URUGUAY »,* La Croix, mardi 2 novembre 2004, p. 7.

Marchés Tropicaux, *« BRESIL »,* 31/07/1998.

Marchés Tropicaux, *« LA DETTE ENVERS L'AFRIQUE »,* page 2495, 05/12/2003.

Le Match du Monde, N° spécial M 08132, *« BRESIL : DANSE AVEC LE FUTUR »,* 2005, 122 p.

Le MOCI, « *BRESIL : LE PARI DE LA CROISSANCE* », numéro 1647, Paris, 22/04/2004.

NOVOSTI (Agence de presse russe), Moscou, Novembre 2004.

Ogier (Thierry), *« LE SURPRENANT REVEIL DU BRESIL »,* Les Echos, 24 mars 2005.

Oualalou (Lamia), « *LULA SE POSE EN APOTRE DE L'INTEGRATION SUD-AMERICAINE* », Le Figaro, numéro du 29 août 2003.

Oualalou (Lamia), *« LE BRESIL PROCHE DE L'AUTOSUFFISANCE PETROLIERE »,* Le Figaro « Economie », p. IX, numéro du 30 novembre 2004, .
Oualalou (Lamia*), « LULA, LE G20 ET L'AFRIQUE»,* Le Figaro, numéro du 28 janvier 2005.
Paranagua (Paulo*), « LE BRESIL RENOUE AVEC LA CROISSANCE »,* Le Monde, 11 novembre 2004.
Problèmes Economiques, *« LE BRESIL : LES DEFIS D'UNE PUISSANCE EMERGENTE »,* N°2871, mercredi 16 mars 2005, 48 p.
Racy (Sonia), O Estado de Sao Paulo, quotidien, 27/03/2005.
Rayes (Chantal), LIBERATION, 12/11/2004.
Relea (Francesc), *« LULA DEFEND SON BILAN APRES 18 MOIS DE PRESIDENCE »,* El Pais, Madrid, mardi 22 juin 2004.
Stern (Babette), « LE FMI SALUE LE REDRESSEMENT DE L'ECONOMIE BRESILIENNE », Le Monde, 9 septembre 2004, p. 6.
SWISS INFOS, agence de presse suisse, 11/2004.
Temer (Milton), Jornal do Brasil (JdB), 12 juillet 2005, *« O PT E O « IMPEACHMENT » DE LULA »,* page A11.
The Economist, *"LULA'S GREAT PENSION BATTLE",* April 5th 2003.
The Economist, *« LOOKING SOUTH, NORTH OR BOTH »,* page 52, Feb. 7th, 2004.
The Economist, *« A GIANT STIR »,* page 50, June 12th 2004.
The Economist, *« A FREE-TRADE TUG OF WAR »,* December 11th 2004.
Times, *« SELLING BRAZIL »,* numéro du 15 septembre 2004.
VEJA, hebdomadaire brésilien, Rio-Sao Paulo, numéro du 13/07/2005.

4 – DOCUMENTS OFFICIELS, RAPPORTS

Ambassade de France au Brésil - Mission Economique, « *FICHE DE SYNTHESE: BRESIL, SITUATION ET PERSPECTIVES ECONOMIQUES ET FINANCIERES »*, Brasilia D.F., Mars 2004.
Banque Centrale du Brésil, « *NOTES MENSUELLES DE LA B.C. SUR LE SECTEUR EXTERNE (SOLDES BALANCES COMMERCIALES, I.D.E.,...), BRASILIA, 2002 A 2005.*
Banco Interamericano de desenvolvimento (BID), Instituto de Relaciones Europeo-Latino-Americanas (IRELA), *« INVERSION EXTRANJERA DIRECTA EN AMERICA LATINA»,* Madrid, 1998.
Barrau (Alain), député, *« UE ET MERCOSUR : MARIAGE OU UNION LIBRE »,* Assemblée Nationale-rapport d'information numéro 1721, Rio de Janeiro/ Paris, 29 juin 1999.
IBGE-Institut Brésilien de Géographie et Statistique. *« ETUDES MENSUELLES (DONNEES SOCIO-ECONOMIQUES) ».*
IPEA-Institut de recherche économique appliquée, *« BASE DE DONNEES ECONOMIQUES (BRESIL) »*
MDIC-FUNCEX:SECEX AGENCIA DE EXPORTAÇOES (APEX), *« MADE IN BRAZIL »,* BRASILIA, 142 P.
OCDE, « *ETUDE ECONOMIQUE DU BRESIL »,* 2001 ET 2005.
OMC, *« EXAMEN DES POLITIQUES COMMERCIALES : BRESIL* », 2004.
World Bank, *« BRAZIL : EQUITABLE, COMPETITIVE, SUSTAINABLE/CONTRIBUTION TO DEBATE»,* Library of Congress, 2004, 655 p.

5 – MEMOIRES

Valladao (Alfredo) et Page (Sheila), *« AGRICULTURE AND AGRIBUSINESS IN THE EU-MERCOSUR NEGOTIATIONS »,* Working Group on EU-Mercosur Negotiations, Research program 2002-2003, Chaire Mercosur de Sciences Po, Edit. IEP, Paris, 2003, 236 p.
Valladao (Alfredo) et Bouzas(Roberto*), « MARKET ACCESS FOR GOODS AND SERVICES IN THE EU-MERCOSUR NEGOTIATIONS »,* Working Group on EU-Mercosur Negotiations, Research program 2002-2003, Chaire Mercosur de Sciences Po, Edit. IEP, Paris, 2003, 211 p.
Valladao (Alfredo), *« THE COST OF OPTING OUT: THE EU-MERCOSUR AGREEMENT AND THE FREE TRADE AREA OF THE AMERICAS »,* Working Group on EU-Mercosur Negotiations, Research program 2002-2003, Chaire Mercosur de Sciences Po, Edit. IEP, Paris, 2003, 140 pages.

6 – ENTRETIENS, COLLOQUES

Iglesias (Enrique), Président de la BID, « *L'AMERIQUE LATINE FACE AUX DEFIS DE L'OUVERTURE COMMERCIALE* », Maison de l'Amérique Latine, Paris, 12 octobre 2004.

UNCTAD (CNUCED), « *REGIONALISM AND SOUTH-SOUTH COOPERATION: THE CASE OF MERCOSUR AND INDIA*», TD/Unctad XI/BP/11, Rio de Janeiro, June 9th 2004.

7 – SITES INTERNET

http://www.bcb.gov.br : Banque Centrale du Brésil

http://www.fazenda.gov.br : Ministère des Finances (Brasilia)

http://www.gazetamercantil.com.br : Gazeta Mercantil, un quotidien de l'économie au Brésil

http://www.ibge.gov.br : IBGE-Institut Brésilien de Géographie et Statistique

http://www.iheal.univ-paris3.fr : IHEAL (Institut des Hautes Etudes de l'Amérique Latine) et CREDAL (Centre de Recherches et de Documentation sur AL).

http://www.ipeadata.gov.br : IPEA- Institut de recherche économique appliquée

http://www.mre.gov.br , MRE-Ministère brésilien des Relations Extérieures, Brasilia (discours 2003-2004 du Ministre Celso Amorim).

http://www.desenvolvimento.gov.br , MDIC-Ministère brésilien du Développement, de l'Industrie et du Commmerce Extérieur, Brasilia.

http://www.presidencia.gov.br/publi_04/COLECAO/mens03_10.pdf : site de la Présidence (discours 2003-2005 de Lula et « Mensagem no Congreso Nacional).

http://www.brasil.ox.ac.uk : Centre for brazilian studies, OXFORD University, UK.

http://www.redecelsofurtado.edu.mx : Réseau Amérique Latine de Recherches en Economie Latino-Américaine (réseau Celso Furtado).

http://www.wto.org/french/tratop_f/tpr_f/tp239_f.htm: site de l'OMC, rapports sur la politique commerciale du Brésil.

ANNEXES

ANNEXE 1

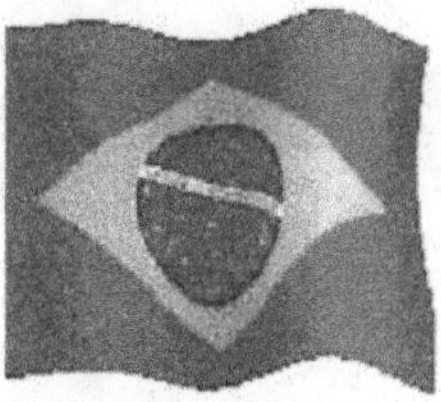

Les accords d'intégration en Amérique latine

Actualisation au 24 mars 2003

Prestation réalisée sous système de management de la qualité certifié AFAQ ISO 9001

Tableau

MERCOSUL : Marché commun du Cône Sud

CAN : Communauté Andine des Nations

CARICOM : Communauté et Marché Commun des Caraïbes

MCCA : Marché Commun Centre Américain

ALENA : Aire de Libre Echange d'Amérique du Nord

Accords d'intégration régionale en Amérique latine

	MERCOSUL	CAN	CARICOM	MCCA	ALENA
Argentine	•				
Bolivie	o	•			
Brésil	•				
Chili	o	•			
Colombie		•	□		
Equateur		•			
Guyana			•		
Paraguay	•				
Pérou		o			
Surinam			•		
Uruguay	•				
Vénézuela		•	□		
Anguilla			□		
Antigua et Barbuda			•		
Aruba			□		
Bahamas			•		
Barbade (La)			•		
Belize			•		
Bermudes			□		
Cayman (Iles)			□		
Costa Rica				•	
Cuba					
Dominique (Iles)			•		
Dominicaine (Rép)			□		
Salvador				•	
Grenade			•		
Guatemala				•	
Haïti					
Honduras				•	
Jamaïque			•		
Mexique			□		•
Montserrat			•		
Antilles néerldses			□		
Nicaragua				•	
Panama					
St-Christophe Nevis			•		
Sainte-Lucie			•		
Saint-Vincent			•		
Trinidad et Tobago			•		
Vierges (Iles)			•		

Légende :
- • Membres
- □ Observateurs
- o Membres associés

 Auteur :

ANNEXE 2

OCDE :
Etude Economique du Brésil, 2001

Résumé

Le Brésil a fait d'importants progrès pour résoudre des problèmes hérités du passé. La stabilisation macroéconomique a été renforcée depuis la dévaluation du réal en 1999 et, pour la première fois en dix ans, l'économie a pu récolter les fruits d'une reprise tirée par les exportations. En 2000, cette reprise s'est étendue et a entraîné une augmentation substantielle des rentrées fiscales tout en atténuant l'impact de l'ajustement budgétaire. Mais la dépendance du Brésil vis-à-vis des sources de financement extérieur et, donc, sa vulnérabilité face aux chocs externes, restent marquées. Le défi aujourd'hui est d'accélérer les réformes indispensables pour accompagner la croissance, qui englobent tout un éventail de domaines sur lesquels le gouvernement est en train de travailler. Une réforme des relations budgétaires à l'intérieur de la fédération s'impose, et le système de retraite n'est plus viable sur le plan budgétaire sans une réduction des prestations et la réduction des privilèges dont bénéficie la fonction publique. Le secteur financier pourrait jouer un rôle plus important d'intermédiation, tandis que l'amélioration de la compétitivité nécessite la poursuite de l'effort de libéralisation des échanges et une intensification de la concurrence sur le marché intérieur, ainsi que l'instauration d'un cadre réglementaire efficace. Il faut par ailleurs mieux cibler les dépenses sociales afin de faciliter la réduction des disparités, tout en renforçant le capital humain dans les domaines prioritaires que sont l'enseignement et la santé. En bref, le Brésil se trouve à un tournant de son histoire qui lui ouvre la perspective d'une croissance durable. Il lui faut continuer sur la voie de la réforme pour faire de cette perspective une réalité.

Le Brésil est-il à un tournant ?

Le Brésil dispose de ressources naturelles et humaines abondantes, mais son développement au cours des dernières décennies n'a pas été à la hauteur de son fort potentiel de croissance. Un contraste qui peut voiler le fait que le Brésil est un acteur important sur la scène économique mondiale. Fort d'une économie pesant près de mille milliards de dollars (sur la base des parités de pouvoir d'achat) et d'une population de 170 millions d'habitants, le Brésil se classe parmi les dix plus grands pays du monde. Il dispose d'un appareil de production considérable et, de par sa localisation en Amérique du Sud, occupe une position charnière dans la région. En même temps qu'il poursuit une stratégie d'intégration régionale, le Brésil est un partenaire clé dans les négociations multilatérales, notamment celles qui concernent la libéralisation des échanges et l'action au plan mondial contre le changement climatique. Il a en outre souscrit à plusieurs accords et autres lignes directrices de l'OCDE. En résumé, le Brésil est un acteur de premier plan à l'heure de la mondialisation.

A la fin des années 80, le modèle de développement autocentré du Brésil avait vécu. L'accès à l'épargne extérieure avait été entravé par une dynamique d'endettement extérieur défavorable. Les mécanismes d'indexation avaient contribué à la persistance d'une inflation élevée tout en maintenant le niveau des recettes fiscales, mais en rendant l'économie de plus en plus rigide. Le recours au remplacement des importations pour développer l'appareil industriel eut une incidence négative sur la compétitivité du secteur des entreprises. Après le rétablissement d'institutions démocratiques en 1985, et tout au long des années 90, le Brésil a engagé une transition vers un nouveau modèle de développement fondé sur des réformes axées sur le marché et l'ouverture sur l'extérieur. Les droits de douane furent sensiblement réduits et d'autres obstacles commerciaux supprimés. Une étape décisive fut franchie à partir de 1995, où le Brésil réussit enfin à vaincre l'inflation élevée, ce qui entraîna des changements profonds dans l'économie du pays, dont le moindre n'est pas d'avoir su mettre un terme aux effets régressifs du prélèvement inflationniste qui avait longtemps ponctionné le revenu des couches les plus défavorisées de la population. Un ambitieux programme de privatisation augmenta substantiellement la participation d'entreprises et de banques étrangères dans l'économie. De fait, l'investissement direct étranger a joué un rôle majeur dans l'économie au cours de la dernière décennie, même si le Brésil a toujours été le bénéficiaire d'un volume important de capitaux étrangers. Autant d'éléments qui, conjugués, semblent avoir donné lieu à une mutation irréversible. L'économie brésilienne se trouve aujourd'hui face à un nouveau défi, celui de parvenir à une croissance vigoureuse, fondée sur le marché.

Dans un tel contexte, le problème fondamental du Brésil est de déterminer s'il a ou non passé le seuil d'une croissance durable. La présente Étude penche pour un oui prudent, et conditionnel. Prudent parce que l'économie est encore d'une grande vulnérabilité face aux chocs extérieurs étant donné l'ampleur de l'endettement extérieur et la dépendance du pays vis-à-vis de l'épargne extérieure. La situation budgétaire s'est considérablement améliorée et la dette publique s'est stabilisée en dessous de 50 pour cent du PIB. Mais les autorités n'ont qu'une marge de manœuvre limitée dans leurs choix de politique macroéconomique du fait que la dette publique du Brésil est assortie d'échéances courtes et qu'une part importante en est indexée soit sur les taux d'intérêt à court terme soit sur le cours de change. L'évaluation est également conditionnée par les progrès de la réforme structurelle. S'il est vrai que les avancées ont été manifestes ces dernières années, il reste néanmoins encore beaucoup à faire. [...]

Le secteur industriel au Brésil est-il compétitif ?

Le Brésil a besoin de l'épargne étrangère pour assurer son expansion et s'est trouvé constamment en butte à la contrainte extérieure. Dans le passé, le Brésil a tenté de résoudre ce problème en s'affranchissant de sa dépendance vis-à-vis des importations. Cependant, les mesures prises directement pour orienter la spécialisation vers les produits manufacturés au détriment des produits primaires ont donné quelques résultats, mais se sont révélées coûteuses. En dépit de l'industrialisation intensive des années 70, à la fin des années 90 la spécialisation commerciale historique du Brésil avait réapparu. Dans ce contexte, la majeure partie des exportations brésiliennes se heurte à d'importants obstacles commerciaux sur les marchés internationaux, en particulier ceux qui frappent les produits agricoles et les biens semi transformés. Il pourrait être revendiqué que le fait de conserver un certain niveau de protection peut constituer un outil de négociation pour la poursuite de la libéralisation des échanges. Mais cela entraîne des pertes sèches pour le consommateur et pour le secteur des entreprises. Dans l'industrie moderne, les échanges sont souvent intra industriels. L'importation de biens intermédiaires et de biens d'équipement est une source majeure de compétitivité. C'est la logique qui est à la base de l'abaissement des obstacles commerciaux sur ces produits dans les pays de l'OCDE. Étant donné le montant cumulé des capitaux étrangers dont elle dispose, l'économie brésilienne est de plus en plus interconnectée avec les marchés mondiaux et pourrait devenir un important exportateur et importateur de biens manufacturés.

La réorientation des entreprises brésiliennes vers l'exportation doit être la résultante d'incitations appropriées. Celles-ci ne concentreront pas leur effort sur l'exportation si le marché national leur assure une rente confortable. C'est pourquoi la libéralisation des échanges engagée à la fin des années 80, qui a jeté les bases d'une économie plus ouverte et plus compétitive, doit être poursuivie. Dans ce contexte, l'ouverture à l'investissement et aux échanges internationaux suppose de se départir des biais existants dans le marché intérieur au lieu, par exemple, de promouvoir les exportations dans le seul but de compenser toute une série de coûts supplémentaires associés au fait d'exercer une activité spécifiquement au Brésil. Un « test de similarité » sur certaines importations de bien de capital, principalement appliqué dans les marchés publics, crée une incertitude inutile sur les objectifs de politique commerciale et l'accès au marché brésilien. L'octroi de facilités de crédit conditionnées à l'achat local d'équipement risque d'empêcher les entreprises de bénéficier des technologies les plus modernes. L'accroissement de la compétitivité et de la propension à échanger sera également renforcée par la mise en place d'un cadre réglementaire adapté, en particulier en ce qui concerne la politique de la concurrence. L'amélioration du cadre juridique et l'efficacité des autorités de la concurrence sont des conditions préalables. L'effet des impôts en cascade sur la compétitivité est un problème à part. L'idée d'instaurer d'autres prélèvements fiscaux pour compenser les effets de ces impôts en cascade ne reviendrait qu'à créer des distorsions supplémentaires. De façon générale, la prévisibilité de la politique commerciale est affectée par un enchevêtrement de textes législatifs, mesures provisoires, décrets et résolutions qui ont tissé une toile quelque peu inextricable. Un effort de rationalisation et de simplification ferait beaucoup pour la transparence.

Globalement, le programme de grandes privatisations a été bien géré. Le processus, coordonné par la banque nationale de développement, s'est déroulé dans la transparence. Un cadre réglementaire bien défini est essentiel pour garantir que la privatisation puisse donner les résultats escomptés. Lors de l'élaboration de ce cadre, les responsables brésiliens ont bénéficié de l'expérience d'un certain nombre d'autres pays. Le cadre régissant les télécommunications semble fonctionner efficacement, puisque le marché connaît une forte croissance et que la concurrence s'intensifie. Si la privatisation a pu servir de prétexte à l'ouverture à la concurrence des monopoles, de droit ou de fait, les décisions de coordination avant la privatisation ont parfois été rendues difficiles du fait de l'imbrication des participations entre l'État fédéral et les autorités locales des États. Un phénomène qui a été particulièrement patent dans le secteur de l'énergie où certaines opérations de désengagement ont précédé l'établissement de normes et de règles claires. C'est pourquoi il s'est révélé très ardu de transformer des règles réglementaires en mesures effectives. La question de la réglementation ne pose pas seulement le problème du « comment », mais également du « qui » doit la mettre en œuvre. Les organismes chargés de la réglementation doivent davantage coordonner leur action. En particulier, tous les problèmes liés à la discrimination par les prix ou à des pratiques d'éviction doivent relever de la compétence des autorités de la concurrence.

Le manque d'énergie affectera-t-il la croissance ?

C'est peut-être le secteur de l'énergie au Brésil qui donne une parfaite illustration de l'extrême difficulté de mettre en œuvre un cadre réglementaire obéissant à la fois à un souci de développement et d'efficience. Le système énergétique brésilien est l'un de ceux qui rejettent le moins de carbone dans l'atmosphère. Outre le recours massif à l'hydroélectricité, l'expérience de l'utilisation de combustibles issus de la biomasse pourrait donner un exemple intéressant des solutions nouvelles susceptibles d'aider à repousser la menace du réchauffement de la planète. La demande d'énergie est néanmoins appelée à croître rapidement, et à dépasser l'offre issue de ressources renouvelables. Les besoins en électricité, plus particulièrement, vont augmenter bien plus vite que le PIB. La couverture de ces besoins va devenir un véritable enjeu pour les pouvoirs publics, et l'État à lui seul ne sera pas en mesure d'assurer le niveau d'investissement requis. De fait, les autorités ont engagé une réforme du secteur de l'énergie visant à autoriser et à attirer les capitaux privés et à réduire les coûts par une concurrence accrue. L'accent est mis à l'heure actuelle sur la construction de centrales au gaz, utilisant le gaz importé via le nouveau gazoduc reliant la Bolivie au sud du Brésil, à l'aide d'investissements publics. C'est peut-être le moyen le plus rapide d'accroître la capacité de production et de diversifier l'offre énergétique, mais les autorités doivent s'assurer que cela n'aille pas à l'encontre de la politique de libéralisation menée et qu'il existe une concurrence suffisante sur ce marché. La politique énergétique au Brésil a par ailleurs eu de tout temps une importante composante sociale dans ce pays où quelque 15 à 20 millions de personnes n'ont toujours pas accès à l'électricité. La priorité absolue des pouvoirs publics est d'étendre l'électrification des zones rurales. Mais le gouvernement doit veiller à ce que ces objectifs sociaux soient conçus avec soin afin de ne pas compromettre la viabilité financière du secteur de l'électricité.

Quel est le rôle de l'agriculture ?

L'agriculture a un rôle central à jouer dans la poursuite du développement économique du Brésil. Outre son poids économique direct, le secteur a des retombées importantes sur l'ensemble de l'économie, et notamment sur les activités de transformation en aval. L'investissement dans les régions rurales pauvres est perçu comme ayant le potentiel d'élargir la base économique du développement et de réduire les inégalités de revenu. Il est important que la politique de crédit rural et de réforme foncière du Brésil donne une idée claire du rôle que l'agriculture est censée jouer dans le développement économique du pays. Il est difficile de savoir aujourd'hui si les ménages vivant traditionnellement de l'agriculture et leurs descendants ont des chances de rester ou non dans l'agriculture, et il n'est pas certain que les politiques de crédit rural sont de nature à faire naître une nouvelle classe d'agriculteurs à vocation commerciale dans un secteur de subsistance ou de semi subsistance. En d'autres termes, on ne peut savoir avec certitude si les programmes de crédit rural ont trouvé le bon équilibre. Cela étant, les systèmes d'évaluation et le raffinement constant du ciblage de ces programmes donnent à penser qu'il sera possible d'adapter ces politiques à partir de l'expérience des premières années de mise en œuvre.

La croissance va-t-elle être la réponse aux problèmes sociaux ?

Compte tenu de l'ampleur des différences entre les régions et des disparités de revenu qui y prévalent, le Brésil n'a pas les moyens de rogner sur le développement de sa politique sociale. Non plus qu'il ne peut envisager de sortir de la pauvreté par la seule croissance, étant donné le caractère régressif d'une grande partie de ses dépenses sociales. Il faut noter que, pour un pays dont autant d'habitants vivent dans la pauvreté et où la distribution du revenu est très inégale, il est pervers que la plupart des dépenses "de protection sociale" portent sur les pensions. Le système d'indemnisation du chômage ouvre à des abus. Les travailleurs qui souhaitent simplement changer d'emploi sont incités à se faire licencier de façon à pouvoir bénéficier des prestations de chômage. Ces failles structurelles absorbent des ressources qui pourraient être plus utilement ciblées sur ceux véritablement dans le besoin. En outre, la plupart des dépenses sociales des administrations infra fédérales portent sur des prestations universelles, plutôt que sélectives, ce qui bénéficie de façon disproportionnée aux revenus élevés. Lorsqu'il existe des formules d'attribution de prestations sous condition de ressources, elles n'atteignent pas les travailleurs du secteur informel. De la même manière, le Brésil pourrait encore améliorer nettement la façon dont les dépenses publiques se matérialisent. Des exemples de ciblage réussi peuvent être trouvés dans l'enseignement de base (*Bolsa escola*), les soins de santé préventifs et les pensions du régime agricole. De fait, un meilleur ciblage des programmes sociaux pourrait avoir des effets très significatifs au Brésil étant donné qu'un grand nombre des pauvres ne se situent pas très loin du seuil de pauvreté. Hormis l'intérêt en soi d'améliorer la qualité de la dépense publique, c'est en rehaussant la qualité des prestations sociales que l'on parviendra à terme à favoriser durablement une croissance plus élevée.

Pour progresser sur un nouveau chemin de croissance, il est nécessaire de faire naître un consensus social et d'insuffler un élan politique. Consolider le "pacte social" qui s'est établi entre les différentes entités et groupes en présence a été un processus laborieux, en particulier dans cette fédération qui a connu dans le passé des allers-retours entre centralisation et décentralisation. L'expérience des pays de l'OCDE peut aider à éclairer les choix des pouvoirs publics brésiliens, mais la tâche qui consiste à gérer la réforme là où il existe d'importantes disparités sociales et différents niveaux de développement reste colossale. A cet égard, les défis auxquels sont confrontés les responsables brésiliens ne sont guère distincts des défis de dimension planétaire qu'induisent la régulation et la gestion du processus de mondialisation. De fait, l'économie mondiale se caractérise aussi par d'énormes disparités de revenu. En même temps, les fruits de l'intégration croissante et d'un recours accru aux mécanismes du marché représentent un très riche potentiel. Le processus de réforme donnera au secteur privé les moyens de devenir le moteur de l'économie au fur et à mesure qu'évoluera le rôle de l'État. Même si l'efficience fait son chemin dans l'administration, les responsables brésiliens doivent réussir à renforcer la transparence, la responsabilité et le dynamisme dans la gestion de l'administration publique et du système judiciaire.

ANNEXE 3

OCDE :
Etude économique du Brésil, 2005

Résumé

La conclusion principale de cette Étude est que le Brésil recueille aujourd'hui les fruits de la stratégie de consolidation macroéconomique et des politiques prudentes qu'il a menées. Beaucoup de progrès ont été accomplis sur l'assainissement budgétaire, et la politique monétaire continue à être focalisée sur les anticipations futures. L'ajustement extérieur a été remarquable et les exportations sont restées soutenues, permettant à l'économie de mieux résister aux fluctuations de la confiance des marchés. Ce résultat est attribuable dans une large mesure au renforcement des institutions, en particulier l'adoption d'une stratégie de ciblage de l'inflation et de la Loi de Responsabilité Budgétaire. La reprise économique est aujourd'hui fermement engagée. Cependant, il demeure indispensable de consolider la stabilité économique au cours de la période à venir tout en poursuivant les réformes structurelles, afin que les perspectives favorables débouchent sur un cercle vertueux alliant amélioration de la confiance et croissance robuste et équitable.

Le gouvernement est parvenu de façon remarquable à respecter ses objectifs budgétaires, même dans des conditions difficiles. La gestion de la dette publique a également été renforcée. Cependant, l'ajustement budgétaire a principalement été le fruit d'une augmentation des recettes et d'une compression des investissements publics. L'affectation systématique d'une grande partie des recettes à des emplois spécifiques et la fixation de seuils de dépenses au fil des ans, souvent par le biais de dispositions constitutionnelles, ont réduit la flexibilité budgétaire. Une évaluation complète de l'efficacité des systèmes actuels d'affectation des recettes et de seuils de dépenses au regard des objectifs visés permettrait sans doute d'améliorer l'efficacité des dépenses par rapport à leur coût. Il semble donc possible de concilier la nécessaire poursuite du processus d'assainissement budgétaire et une réduction de la charge fiscale, particulièrement élevée au Brésil, afin de mieux mobiliser les ressources budgétaires au profit des priorités économiques et sociales de la collectivité.

L'investissement privé se redresse, mais le niveau actuel des investissements, notamment dans le domaine des infrastructures, est insuffisant pour soutenir une croissance vigoureuse à moyen terme. Les autorités ne disposent que d'une marge de manœuvre budgétaire limitée pour accroître les dépenses publiques d'équipement dans la conjoncture actuelle, et l'investissement privé se heurte à l'insuffisance du crédit, à des coûts d'intermédiation élevés et aux incertitudes de la réglementation dans plusieurs secteurs. Il est par conséquent indispensable d'améliorer le climat de l'investissement pour renforcer la croissance économique. Les nouvelles dispositions législatives en matière de faillite, lorsqu'elles auront été approuvées, devraient atténuer les contraintes pesant sur le recouvrement des créances, favorisant ainsi une expansion du crédit et une réduction des coûts d'intermédiation. L'approche générale retenue en ce qui concerne la réforme de la réglementation dans les industries de réseau, notamment dans le secteur de l'électricité, est judicieuse, mais le risque de défaillance de la réglementation ne doit pas être sous-estimé. Des partenariats entre le secteur public et le secteur privé peuvent encourager l'investissement, à condition de reposer sur des bases budgétaires saines, assurant un partage adéquat des risques entre les pouvoirs publics et leurs partenaires privés.

Des progrès considérables ont été accomplis dans le domaine social depuis une dizaine d'années, et des améliorations incontestables ont été enregistrées en ce qui concerne certains indicateurs sociaux essentiels, notamment en matière d'éducation. Les autorités consacrent déjà une proportion importante du PIB à des programmes sociaux. Les dépenses publiques concernant les retraites représentent une plus large part du PIB au Brésil que dans la moyenne des pays de l'OCDE, bien que la population brésilienne soit plus jeune. En revanche, les dépenses consacrées à des programmes soumis à des critères de ressources, comme les transferts de revenus au titre de la garde des enfants et de la prise en charge des personnes âgées et handicapées, ne représentent qu'une part relativement faible des dépenses publiques à caractère social, nettement inférieure à la moyenne de l'OCDE. Il va falloir renforcer les politiques sociales de manière à atteindre les objectifs fixés par le gouvernement, en donnant la priorité aux programmes sociaux qui sont jugés les plus efficaces par rapport à leur coût et les plus propices à l'accumulation de capital humain et en veillant simultanément à préserver la discipline budgétaire et à mobiliser la collectivité en faveur des réformes. Le système contributif d'assurance sociale, qu'il faut continuer de développer, devrait à terme bénéficier davantage aux personnes les plus démunies.

ANNEXE 4

BRESIL :

« QU'EST-CE QUI A CHANGE AVEC LULA? »

par Plinio Arruda Sampaio
RISAL[1]

21 janvier 2005

Evaluer, c'est comparer des faits avec des chiffres.

Dans cette évaluation des deux premières années de gouvernement Lula, nous avons pris comme termes de comparaison le projet de construction nationale. En utilisant la formule synthétique et précise de Caio Prado Jr. : dans quelle mesure ces deux années de gouvernement ont-elles contribué à accélérer la transition entre le *« Brésil colonie d'hier vers le Brésil Nation de demain »* ?

---

[1] Réseau d'Information et de Solidarité avec l'Amérique Latine.

Trois aspects de cette transition seront examinés :

- la réduction de l'inégalité,
- l'augmentation de l'autonomie,
- et l'organisation politique du peuple.

En ce qui concerne la **réduction de l'inégalité sociale,** il convient de dire que : sur les deux années, la croissance du Produit intérieur brut (PIB) a été médiocre, ne parvenant pas à affecter le PIB *per capita*. Il s'est amélioré en 2004, mais il n'a pas eu d'impact majeur, que ce soit en terme d'emploi (qui a peu augmenté face à la taille de la force de travail), ou en terme de salaires (de fait, le salaire moyen a baissé en deux ans).

Le gouvernement a fait un effort pour exiger la formalisation des relations de travail, ce qui pourrait se refléter dans une amélioration des salaires. Malgré cela, cependant, le nombre de travailleurs ayant une carte professionnelle signée est encore inférieur à celui des travailleurs sous contrat informel, ce qui aiderait à expliquer le fait scandaleux que le revenu de presque un quart (23,8%, selon l'IPEA - *Instituto de Pesquisa Economica Aplicada*) des travailleurs brésiliens soit inférieur au salaire minimum.

Ayant hérité d'une situation d'inégalité séculaire, le gouvernement pourrait alléguer l'impossibilité de renverser la tendance en deux ans à peine. L'argument serait recevable si, pendant ces deux années, des mesures efficaces avaient été prises pour changer les structures viciées qui créent l'inégalité. Ceci, cependant, n'est pas ce qui s'est passé.

La réforme agraire n'a pas eu lieu :

L'objectif d'installer un million de familles en quatre ans, suffisant pour engendrer une dynamique vertueuse de redistribution de la richesse dans les campagnes, a été diminué de moitié, et cette moitié n'est pas mise en œuvre.

On n'a pas entendu parler de réforme urbaine, autre mesure structurelle de réduction des inégalités sociales. De même on n'a pas vu se mettre en route un programme traditionnel de construction d'habitat populaire aux dimensions au minimum proportionnelles à la taille du problème.

On n'a pas vu non plus émerger l'idée d'utiliser les impôts pour redistribuer le revenu - instrument dont se sont servis les pays développés d'Europe et d'Amérique du Nord pour réduire les distances entre les riches et les pauvres. Ce que l'on a vu en revanche, c'est une véritable furie de collecte d'impôts, complètement indifférente au fait que le système d'imposition en vigueur pèse de manière disproportionnelle sur les couches les plus pauvres de la population.

Programmes sonores et insuffisants :

En l'absence de réformes structurelles, le combat contre l'inégalité sociale s'est limité aux dépenses « assistancielles » de l'Etat. Sur ce plan, ce que l'on constate, après deux ans de Faim Zéro, de Bourse Ecole, de Revenu Minimum et autres programmes aux titres sonores, c'est que le gouvernement n'est pas parvenu à se défaire entièrement du concept néolibéral de « dépenses sociales ciblées ». Le vecteur « structurant » annoncé de ces transferts de revenus aux secteurs les plus pauvres n'est pas sorti du terrain des bonnes intentions. La disproportion entre les ressources allouées (même si elles ont été supérieures par rapport à celles du gouvernement précédent) et la taille des demandes de l'immense masse de pauvres a frustré cet objectif. Les minuscules transferts de revenus ne génèrent pas une dynamique sociale favorable au protagonisme politique et social des marginalisés. Autrement dit, malgré les bonnes intentions, on n'est pas parvenu à sortir de la ligne traditionnelle de l' « assistancialisme » pratiqué par les élites dominantes et destiné simplement à atténuer les situations criantes et explosives de pauvreté.

Le grand argument des conservateurs sur le terrain de la redistribution de revenu est la nécessité d'avoir un revenu à distribuer. Ainsi, le gouvernement se chargerait de remplir cette condition préalable à une politique de redistribution vigoureuse. Les résultats obtenus sont des motifs de fierté, puisque l'économie a cru, en 2004, à un taux proche de 5% - le meilleur résultat depuis neuf ans. Le taux de croissance est exhibé comme preuve du bien fondé de la politique économique.

Mais, pour la placer en perspective, il convient de la comparer à la croissance des économies du Venezuela (18%), Uruguay (12%), Argentine (8,2%), Equateur (6%), Panama (6%), Chili (5,8%), pour la même période. Dans ce contexte plus large, il faut se demander si les fameux 5% du Brésil seront vraiment le résultat d'une bonne gestion de l'économie ou d'une conjoncture expansionniste du marché international, étant données les performances des Etats-Unis et de la Chine. Quelle garantie avons-nous que ce taux se maintiendra un certain temps ?

Mais le point central de la polémique sur la redistribution est autre. Même si le taux de 2004 se maintient pour cinq, dix ans ou plus encore (ce qu'aucun économiste ne se risque à prévoir), si le schéma structurel de répartition de revenu ne change pas, la situation d'inégalité sociale sera substantiellement la même, bien qu'à un niveau de revenu légèrement supérieur.

La conclusion de cette analyse est qu'il n'y a pas eu, au cours des deux premières années de gouvernement Lula, de résultats significatifs en termes de réduction des inégalités sociales.

L'ajustement structurel néolibéral se poursuit :

Pour mesurer l'action du gouvernement Lula sur le plan de la réduction de la dépendance - la deuxième dimension de cette évaluation -, l'analyse doit prendre en compte deux aspects : l'aspect économique et l'aspect politique.

Sur le plan économique, le fait essentiel et choquant est le constat de la continuité du processus d'ajustement structurel de l'économie brésilienne aux canons du modèle néolibéral : réforme de la Prévoyance sociale, retrait de l'entrave constitutionnelle à l'autonomie de la Banque centrale, réforme du Pouvoir judiciaire, et Loi de faillites. Toute cette législation structurante, sponsorisée sans retenue par le gouvernement *pétiste* (du PT), s'aligne rigoureusement sur la recette du Consensus de Washington - Etat faible et marché libre.

La politique économique a suivi les mêmes traces. Tout s'est subordonné au même refrain : « Construction de la confiance » (confidence building, comme on peut lire dans les manuels qui ont instruit l'équipe économique) des centres du capitalisme financier dans le gouvernement du Brésil. Pour obtenir cette confiance, ont été faites des concessions injustifiables aux multinationales de l'énergie et des télécommunications, ont été données des exemptions injustifiées aux spéculateurs et investisseurs étrangers. On a « fermé les yeux » sur les transgressions aux normes de protection des forêts par les entreprises étrangères exploitant le bois, et on a sanctionné le recul de la législation environnementale, afin de favoriser les multinationales des transgéniques. Sans parler du maintien d'un *superavit* primaire (excédent fiscal) incompatible avec la réponse minimum aux demandes sociales et avec le besoin urgent de récupérer l'infrastructure économique du pays.

Cet inventaire des mesures structurelles et conjoncturelles nous amène à la conclusion que, après deux années de gouvernement Lula, l'Etat brésilien est devenu plus faible et moins équipé pour exécuter des politiques économiques, car un plus grand nombre de décisions importantes a été transféré vers des centres de décision externes.

Dans la dimension politique de la question de la dépendance, le gouvernement et l'Itamaraty (Ministère des Affaires étrangères, ndt) sont parvenus à *« repousser l'ALCA avec le ventre »,* torpiller la cession de la base d'Alcântara, créer le G-22, mettre en échec, pour la première fois dans l'histoire des négociations commerciales, des propositions appuyées à la fois par les Etats-Unis et par l'Europe.

Il est vrai qu'aucun des résultats obtenus n'est définitif, et que l'éclat de ces réussites a pali avec l'inexplicable envoi de troupes brésiliennes pour servir de paravent aux obscures manœuvres de la diplomatie étasunienne et française en Haïti.

Fragmentation de la gauche :

Tout ceci étant dit, on peut passer à l'examen du troisième axe de l'analyse : l'organisation politique du peuple, un aspect essentiel, car nous savons tous que la réduction de l'inégalité et l'autonomie ne sont pas des cadeaux faits par les riches et les puissances étrangères. Bien au contraire, ce sont ces conquêtes arrachées à ces puissants au coût de nombreuses luttes et de nombreux sacrifices. Elles requièrent, donc, un peuple conscient, organisé et mobilisé.

C'est sur ce plan que se trouve, sans aucun doute, le pire résultat du gouvernement Lula en deux ans. Pour commencer, la conduite politique du gouvernement s'est soumise intégralement aux schémas traditionnels de l'élite brésilienne corrompue : connivences, petits arrangements, alliances illégitimes, financement obscure des campagnes électorales - en rien différents des pratiques condamnables du gouvernement Fernando Henrique Cardoso dans son rapport aux « bases d'appui » parlementaire et du parti. Ce comportement n'a fait que confirmer le scepticisme d'une grande partie de la population envers tous ce qui a à voir avec la politique (« ils sont tous à mettre dans le même sac »), et démoraliser les avant-gardes populaires qui, pendant deux décennies, ont lutté pour convaincre le peuple que le PT était différent.

La déception face au comportement éthique a été suivie de la surprise face à l'absence de mesures qui ont toujours fait partie du programme du parti et du discours de Lula pendant toute sa vie politique. Les indigènes, par exemple, ne sont pas parvenus à comprendre pourquoi le gouvernement ne procédait pas à la démarcation de la réserve Raposa Serra do Sol ; les 200.000 familles qui sont allées dans les campagnes dès qu'elles ont su que Lula était élu n'ont pas envie de rester aux bords des routes ou sur des terres occupées, sous les yeux des milices privées ; les écologistes ont vu s'effondrer leurs espoirs d'une action décisive de répression de la déforestation et de la pénétration des transgéniques ; les populations touchées par la construction de barrages ne sont pas parvenues à être indemnisées comme elles auraient dû l'être ; les syndicalistes authentiques protestent contre le montant du salaire minimum et contre la proposition pour la structure syndicale ; sans parler des personnes âgées, frappées par la nouvelle législation de prévoyance.

Un rosaire de déceptions :

Considérant que toutes ces demandes constituaient les bannières de lutte des avant-gardes populaires, on peut conclure qu'aujourd'hui, le mouvement populaire est plus faible, plus confus, plus divisé qu'il y a deux ans. Pour s'en faire une idée, il suffit de d'observer le fait que toutes les tendances internes du PT « se sont lézardées », et que plusieurs syndicats importants se sont détachés ou sont en voie de se détacher du grand syndicat

CUT. Les autres partis de gauche et les mouvements populaires ruraux et urbains n'ont pas échappé à ce processus. Ils se voient tous face au dilemme : rompre avec « leur gouvernement », ou reculer, afin de ne pas l'affronter directement. Si le gouvernement Lula ne réprime pas la gauche ou le mouvement populaire, il en provoque la dilution et la fragmentation.

Cette évaluation apparemment ne correspond pas au sentiment du peuple, puisque les sondages d'opinion montrent une approbation à presque 70% de l'action du président Lula, et 45% de son gouvernement. Pourquoi alors la dureté de la critique, si le « gros du peuple » est satisfait ?

Il est encore tôt pour tirer des conclusions définitives de ces sondages. Indiqueraient-ils que Lula est en train de substituer sa base d'appui - le PT et les mouvements populaires combatifs - et de s'acheminer vers un nouveau type de « populisme », basé sur son charisme personnel et sur la transformation du PT en une formidable machine électorale ? Ou bien les sondages montrent-ils une situation conjoncturelle qui peut se défaire rapidement, si 2005 n'amène pas les bénéfices que la masse populaire attend encore ?

Quelles que soient les réponses, une chose est sûre : le gouvernement Lula oblige tous ceux qui luttent pour accélérer la transition du *« Brésil colonie d'hier vers le Brésil Nation de demain »* à un profond effort de révision de leurs stratégies, de leur discours et de leurs pratiques.

(Source : « Brasil de Fato » (http://www.brasildefato.com.br/), n° 97, 5 - janvier 2005).

Traduction : Isabelle Dos Reis.

ANNEXE 5

« Le Brésil sort grandi de la crise de l'OMC »

CANCUN / BRASILIA / MADRID, mardi 16 septembre 2003

(LatinReporters.com)

L'affrontement entre, d'une part, une nouvelle coalition (le G-21) de pays émergents ou en développement menée par le Brésil et, d'autre part, l'Union européenne, les Etats-Unis et le Japon a fait échouer, dimanche à Cancun (Mexique), la 5e Conférence ministérielle de l'Organisation mondiale du commerce (OMC). Le Brésil sort grandi diplomatiquement de cette crise qui freine la mondialisation du commerce.

Au-delà de l'économie, Cancun a rappelé le drame humain du sous-développement, accentué par le protectionnisme agricole occidental, avec une image étonnante: les vaches des pays riches valent plus que les pauvres du Tiers-Monde. Une vache européenne reçoit un subside quotidien équivalant à 2,5 dollars, alors que la moitié de la population mondiale survit avec moins de deux dollars par jour. Avec 7,5 dollars, selon la Banque mondiale, la vache japonaise est la plus choyée.

Les nations développées, soulignent les ONG (organisations non gouvernementales) admises parmi les observateurs à la réunion de Cancun, dédient annuellement 300 milliards de dollars à subventionner leur agriculture. C'est six fois plus que le total de leur aide annuelle aux pays pauvres. Deux semaines à peine de ces subsides à l'agriculture de l'hémisphère nord valent autant qu'une année entière de l'aide au développement que reçoit actuellement l'Afrique.
Ces chiffres rendent dérisoires -pour ne pas dire hypocrites- les campagnes de dons organisées périodiquement par des organisations humanitaires. Cancun leur a presque dit: "Allez tendre vos sébiles à Bruxelles, aux portes de l'Union européenne". Celle-ci consacre 47% de son budget (proportion de 2001) à l'agriculture, qui occupe moins de 5% de la population active de l'Union.
A Bruxelles et aussi à Washington. Car le gouvernement de George W. Bush octroie par exemple dix milliards de dollars chaque année à ses producteurs de maïs. Mais au sud du Rio Grande, 15 millions d'agriculteurs mexicains sont frappés par l'écroulement des prix du maïs depuis l'adhésion du Mexique, en 1994, à l'Accord de libre-échange nord-américain (ALENA) signé avec les Etats-Unis et le Canada.
Les subventions des pays riches à leur agriculture provoquent une surproduction. Les excédents, livrés au reste du monde à des prix inférieurs au coût de production (dumping) écrasent la concurrence potentielle des agriculteurs des pays en développement. Or, 70% des habitants des pays les plus pauvres tentent de vivre de leurs récoltes. Les pays en développement capables de mettre sur le marché des produits alimentaires compétitifs se heurtent aux barrières douanières, aux quotas ou aux protections phytosanitaires, trois autres modalités de protectionnisme agricole des pays développés.

G-22: 22 pays représentant les deux tiers des agriculteurs de la planète

Avec la réunion de Seattle, bousculée en 1999 par les alter mondialistes, c'est la deuxième fois qu'une conférence ministérielle de l'OMC échoue.
Les grands perdants pourraient être les pays les plus pauvres dépendant de leurs exportations agricoles et/ou textiles et ne disposant d'aucun moyen de pression.
Le coup de frein porté au multilatéralisme devrait en outre conduire les Etats-Unis, l'Europe et le Japon à tenter de multiplier des accords bilatéraux avec des partenaires mal armés pour résister seuls à ces puissances.

Avec Lula, vers une plus grande Intégration sud-américaine

Le Mercosur (marché commun sud-américain regroupant le Brésil, l'Argentine, le Paraguay et l'Uruguay) et la Communauté andine de nations (CAN: Venezuela, Colombie, Equateur, Pérou et Bolivie) négocient un accord de libre-échange. Par ailleurs, le Chili et la Bolivie sont "membres associés externes" du Mercosur, comme le sera le Pérou, à sa demande, dès le 1er novembre. Le Venezuela nourrit une aspiration identique. De ces mouvements croisés d'intégration dont il est le pivot, le Brésil espère tirer une influence capable d'inciter les Etats-Unis à tenir compte des intérêts de l'Amérique du sud dans le projet de Zone de libre-échange des Amériques (ZLEA ou, en espagnol, ALCA) que le président américain George W. Bush veut lancer, de l'Alaska à la Terre de Feu, dès décembre 2005.

De nombreux observateurs considèrent que le regroupement de nations promu par le Brésil pourrait retarder, voire enterrer, la ZLEA. En Europe, le maintien des subventions agricoles découlant de l'échec de Cancun a été chaleureusement applaudi, surtout en France, par les associations d'agriculteurs, dont la Confédération paysanne du médiatique José Bové. Mais même si, comme l'affirme Pascal Lamy, commissaire européen au Commerce, "l'agriculture n'est pas une activité économique comme les autres", car "elle contribue à la conservation de l'environnement, à la sécurité alimentaire ou au bien-être des animaux", il n'empêche que les agriculteurs européens ont désormais l'obligation morale d'évaluer si leurs vaches doivent continuer à valoir plus que les pauvres du Tiers-Monde.

ANNEXE 6

« *L'Inde, le Brésil et l'Afrique du Sud scellent leur leadership du Sud* »

Par Carole Vann

INFO-SUD

10.03.04

Les trois grandes démocraties des trois continents du Sud, réunies à New Delhi, ont lancé un Agenda de la coopération Sud-Sud et réclament un siège au Conseil de sécurité. Les mauvaises langues parlent de G8 du pauvre.

C'est lors du sommet de l'OMC (Organisation mondiale du commerce) à Cancun au Mexique, en septembre dernier, que 21 pays du Sud (dont le Brésil, l'Argentine, l'Afrique du Sud, la Chine, l'Inde...) avaient annoncé leur coalition au sein du groupe du G21 (devenu G22, avec l'adhésion de l'Egypte).

Ils demandaient la suppression des subventions aux exportations agricoles pratiquées par l'Europe et les Etats-Unis. Mais, l'échec des négociations commerciales avait considérablement affaibli les revendications des pays du Sud. Les mauvaises langues allaient jusqu'à parler de *G8 des pauvres*.

L'initiative de l'IBSA reprend le défi lancé à Cancun en lui donnant sa substance et son cadre. Réclamer un siège au Conseil de sécurité et renforcer le commerce figurent parmi les priorités des trois grands du Sud. Signe puissant de cette orientation, les trois ministères de l'aviation ont décidé d'ouvrir des nouvelles liaisons aériennes et maritimes entre les trois pays. *« Le commerce doit devenir un outil pour le développement »*, affirmait à New Delhi le ministre indien Yashwant Sinha. *« Mais les gouvernements ne peuvent que mettre en place les conditions favorables, le milieu des affaires doit faire le reste »*, a précisé son homologue sud-africain, Nkosazana Dlamini-Zuma.

Le Brésil, leader du groupe MERCOSUR (qui comprend l'Argentine, l'Uruguay, le Paraguay), pourrait avoir un rôle clef dans les relations entre son partenaire asiatique et l'Amérique latine, déjà liés par un traité d'accords préférentiels (leurs échanges se chiffraient à 2,5 milliards de dollars entre 2002 et 2003).

De son côté, l'Inde négocie un pacte similaire avec l'Union des douanes sud-africaines et cherche à y associer les pays d'Asie du Sud-Est.

ANNEXE 7

"An emerging alliance"

by
JOHN CHERIAN

FRONTLINE (India's National Magazine)

from the publishers of THE HINDU
Volume 21 - Issue 05, February 28 - March 12, 2004

"Brazilian President Luis Inacio Lula da Silva's visit to India strengthens the efforts to build a trilateral partnership involving India, Brazil and South Africa"

The visit of Brazilian President Luis Inacio Lula da Silva to India in the last week of January is hailed as a milestone in Indo-Brazilian relations. He was the chief guest at the Republic Day parade. The visit provided further impetus to the efforts to consolidate a trilateral alliance, the Group of Three or G-3, involving three important nations of the developing world - Brazil, India and South Africa. The South African President Thabo Mbeki was in India late last year to strengthen the emerging alliance.

The Foreign Ministers of the three countries had met in Brasilia in the middle of last year and issued the "Brasilia Declaration". They announced the formation of "the India, Brazil and South Africa Dialogue Forum" (IBSA) at the meeting. The Brasilia Declaration, while welcoming the expansion of economic growth and the accompanying rise in the standard of living in several developing countries in recent years, emphasised their concern "that large parts of the world have not benefited from globalisation". A "Trilateral Joint Commission" was set up to hold regular political consultations on issues of common interest. The next meeting of the Commission is scheduled to be held in New Delhi in early March.

Since he assumed office in January 2003, Lula has made 20 trips abroad, trying to rally developing countries into taking united positions on trade and economic issues. The G-3 is likely to be expanded to include China. President Lula will visit China soon to expedite the move. Russia too is keen to join the group.

Wide-ranging discussions were held between India and Brazil during Lula's visit when India signed a Preferential Trade Agreement (PTA) with Mercosur (the Latin American trade bloc consisting of Brazil, Argentina, Paraguay and Uruguay). The market access agreement with Mercosur will enable the two sides to select the products that will have reduced tariffs in bilateral trade. Lula described the accord as the first step towards future free trade and as the inauguration of a "new era in South-South cooperation". He said it would give India access not only to the four Mercosur countries but also to the rest of Latin America, which has a combined population of over 220 million and a gross domestic product (GDP) of almost $1 trillion, and is the fourth largest market in the world.

Five other agreements were signed during the Brazilian President's visit, including one on cooperation in space research. This agreement, according to the Brazilian Ambassador to India, Vera Barroin Machado, is a "novel one". Brazilian micro-satellites will be launched by Indian space rockets from Brazil. The two countries will also exchange satellite pictures. Brazil, like India, has an ambitious space programme.

Accompanying Lula was the former President of Argentina, Eduardo Dualde, who currently heads Mercosur; the Foreign Minister of Paraguay; and senior officials from Argentina and Paraguay. The high-powered Brazilian delegation included the Ministers of Planning, Foreign Affairs, Tourism and Development and Trade and the Governors of the States of Parana and Mato Grosso. More than a hundred leading Brazilian businessmen accompanied Lula.

The Brazilian Ambassador told Frontline that President Lula was "very pleased" with the outcome of the visit. Lula has met Prime Minster Atal Bihari Vajpayee three times in the past seven months. According to Machado, the two countries are closely coordinating in multilateral forums.

She pointed out that even before Lula assumed the Presidency, he argued for closer relations with countries like India, Russia and China. Machado said that Lula was very much aware that the people of India knew about his role in Brazilian politics on behalf of the working class and the landless. Lula has toned down his rhetoric, but from available indications he still holds fast to his core ideological values. He remains close to the progressive leaders of Latin America like Fidel Castro of Cuba and Hugo Chavez of Venezuela. The Brazilian government has been critical of the American invasion of Iraq. When the Bush administration unilaterally imposed humiliating immigration rules on foreign visitors, only the Brazilian government had the courage to react by applying the same measures to Americans visiting Brazil. Americans are fingerprinted and their pictures taken on arrival at Brazilian airports.

Some in the West view Lula's initiative to reinforce South-South cooperation in the age of globalisation with suspicion. The stated goal of Lula visit to India was to construct a "new trade geography" in the world. Lula told the media in Brasilia that this did not mean that the countries involved in the initiative did not recognise the "fundamental" importance of trade and commerce with rich countries. He explained that the focus was on creating new alternatives. Trade diplomacy is going to play an important role in Lula's efforts at strengthening the Brazilian economy and firming up new geopolitical alliances. Brazil, even under the right-wing military dictatorship of the 1960s and the 1970s, followed an independent foreign policy, unlike many of its Latin American neighbours.

India and Brazil have a long history of cooperation in the diplomatic arena. The creation of the United Nations Conference of Trade and Development (UNCTAD) was mainly because of the initiatives of Brazilian and Indian diplomats. Brazil will host the UNCTAD meeting in June this year. Lula's idea is to launch during the meet his plan based on the System of Trade Preferences among Developing Countries. The plan, calling for a further intensification of trade between developing countries, was first articulated in the 1980s but could not be implemented in the face of open hostility from developed countries. Lula is of the opinion that the expansion of trade ties among developing countries will help democratise international relations and curtail hegemonism in international politics.

Lula said in New Delhi that his country was in favour of free trade as long as it was genuinely free. "Our products are the victims of subsidies, especially in agriculture. So, we want to negotiate with all the countries on equal terms." He emphasised that trade relations should be based on mutual respect. "That is why the G-20 and the G-3 are so important," he said. The G-20 is also Lula's brainchild - it is a grouping formed ahead of last year's WTO meeting in Cancun. Brazil, India and South Africa are also of the view that the United Nations Security Council has to be expanded so that it reflects global realities. The G-3 is being viewed as an attempt by India, Brazil and South Africa to advertise their claim for a permanent seat in the Security Council.

As of now, the scale of trade between India and Brazil is very modest - it was worth only $1.04 billion last year. Lula said in New Delhi that though bilateral links with India were on a strong footing there was considerable scope for further expansion of political and economic ties. He said that the Brazil-India economic partnership would be mutually beneficial. "Brazil wants to be a real partner; we are here to make investments and get investments" Lula told the Indian media. He said that he was leaving India "convinced that we have consolidated an exceptional partnership". Brazil's trade is mainly with the United States and countries of the European Union, which account for more than half of its exports. The third and fourth biggest trading partners of Brazil are Argentina and China. The Brazilian Minister of Development, Industry and Trade, Luiz Fernando Furlan, said that bilateral trade between India and Brazil had the potential to grow up to $5 billion a year, considering the size of the two markets. He pointed out that there was considerable scope for the joint production of "gasohol" (alcohol fuel made from sugarcane). Brazil has pioneered an intensive programme for the substitution of petrol with ethanol. The two countries are the biggest producers of sugarcane. Contracts have been signed for the setting up of around 15 fuel alcohol plants in India in the next two years.

Indian pharmaceutical products have already captured a big slice of the Brazilian market. Every three months, Brazilian Federal Drug inspectors come to India to certify the quality of the products. The Brazilian Ambassador said that her government was committed to promoting projects in the "trilateral context". A fund has been created for this purpose. The Brazilian private sector has pledged $100 million and already committed $1 million to the Fund.

Cooperation between India and Brazil is increasing in the defence sector too. A Defence agreement was signed in December 2003. The two countries will join hands in the training of air force pilots. Joint military exercises will also be held shortly. The aviation industry in Brazil, which is among the most advanced in the world, has sold five passenger planes, four of them to be used for VIP transport. Indian aviation companies have expressed strong interest in the purchase of Brazilian passenger planes. Cooperation in the field of biotechnology, Information Technology, tourism and railways is also bound to grow.

ANNEXE 8

« PAS DE DANSE ENTRE LA CHINE ET LE BRESIL »

Par Olivier Mouton (27/11/2004)

La Libre Belgique

Une nouvelle génération du commerce mondial se met-elle en place, comme le suggèrent certains experts de la « Conférence des nations unies sur le commerce et le développement » (CNUCED) ? Le monde des échanges va-t-il se doter d'une véritable dimension multipolaire, comme tendent à le montrer les négociations - difficiles - au sein de l'Organisation mondiale du commerce (OMC) ? La visite entamée vendredi par le président chinois Hu Jintao sur le continent latino-américain, où il restera pendant plus d'une semaine, s'inscrit dans ces perspectives. La première étape n'est autre que le Brésil. Et ce n'est pas le fruit d'un simple hasard.

Economies complémentaires : Depuis son arrivée au pouvoir, le président Luiz Inacio Lula da Silva s'est déclaré soucieux d'instaurer un «nouvel ordre économique mondial». Au sein de l'OMC, ces deux puissances émergentes ont en outre trouvé des modalités d'action communes pour obtenir des concessions de la part du Nord dominant. Même si ce n'est pas toujours sans arrières pensées. Le volume des échanges commerciaux entre les deux pays n'est pas encore colossal puisqu'il a atteint cette année 6,67 milliards de dollars. Mais la courbe de progression est phénoménale. Au cours des dix dernières années, la croissance a été de 800%. Pas moins. En 2003, la Chine est devenue le troisième partenaire commercial du Brésil derrière les Etats-Unis et l'Argentine. Et les perspectives sont bonnes. Tout le monde s'accorde à dire que ces deux économies sont très complémentaires. Un certain nombre de litiges pourraient toutefois refroidir l'atmosphère. Complémentaires? La faim de la Chine pour les matières premières semble sans fin. Au Brésil, elle trouve du minerai de fer et du soja. De façon générale, le géant asiatique sait qu'il y a en Amérique latine des réserves susceptibles de faire son bonheur: pétrole, cuivre, argent... Mais dans un autre sens, les autorités de Pékin jouent parfois curieusement avec les ouvertures et les fermetures de marché, imposant subitement un embargo sur vingt-trois exportateurs de soja brésilien - pour faire baisser les prix, apparemment - ou limitant les possibilités pour les pays du cône sud d'exporter des produits à plus grande valeur ajoutée- ce qui irrite certaines entreprises.

Une « économie de marché » : Seulement voilà. La Chine arrive en Amérique latine en position de force. Elle dispose de plus de 500 milliards de dollars d'actifs de réserves, un chiffre équivalent au Produit intérieur brut brésilien. Avec sa croissance à deux chiffres depuis dix ans, elle est susceptible de fournir un appui indispensable au Brésil pour améliorer ses infrastructures de base. En Argentine, où Hu Jintao se rendra ensuite, les contrats qui pourraient être signés sont susceptibles de représenter un montant de 20 milliards de dollars, soit l'équivalent d'un an de budget argentin. Comment résister? Cela explique sans doute en grande partie pourquoi le président Lula aurait reconnu vendredi à la Chine le statut d'«économie de marché». Pour Pékin, c'est important. Admise à l'OMC en 2001, elle dispose de quinze années pour passer du statut d'*«économie de transition»* à celle d'*«économie de marché».* Outre le symbole, ce cap lui permettrait d'échapper à des procédures anti-dumping. En échange, disait le président chinois à un quotidien brésilien, les investissements de son pays pourraient être accélérés. C'est probable. Mais avec une approche, somme toute, assez vorace.

ANNEXE 9

« Le Brésil salue l'accord sur l'économie de marché avec la Chine »

Le Quotidien du Peuple

Pékin, 24/11/2004

La presse et des experts du Brésil ont mis en relief samedi la reconnaissance par le Brésil du statut d' « économie de marché » de la Chine.Dans un article, le journal *« O Globo »* a dit que la mesure avait été accueillie par les entrepreneurs brésiliens.

Le document, signé vendredi par le président brésilien Luis Inacio Lula da Silva et son homologue chinois en visite au Brésil, Hu Jintao, facilite pour la Chine sa régulation par les lignes directrices de l'Organisation mondiale du Commerce (OMC) dans le commerce avec ses partenaires majeurs, dit le journal brésilien. Rubens Bardosa, ancien ambassadeur brésilien à Washington et actuellement conseiller d'une société, a estimé que la reconnaissance de la Chine comme une *« économie de marché »* pourrait contribuer à des relations commerciales équilibrées entre le Brésil et la Chine. Le président Lula a signalé vendredi soir que cet accord était un signe de confiance démontrant que les relations stratégiques entre les deux pays étaient « réelles ».

En vertu du document, le Brésil autorisera une croissance des ventes de produits agricoles et industriels chinois, ainsi que l'arrivée de plus d'investissements chinois au Brésil.

Les deux parties ont accepté dans le document qu'elles renforceraient leur coopération et « traiteront d'une façon appropriée » les problèmes issus de l'inspection frontalière et de la quarantaine. Elles ont également convenu d'élargir leur coopération dans la fabrication d'avions.

Des responsables chinois ont pour leur part indiqué que la reconnaissance à la Chine du statut d'économie de marché enrichissait les contenus des relations de partenariat stratégique sino-brésilien, et « élargira fortement les opportunités du commerce et de l'investissement ».

Cela améliorera également l'environnement de concurrence au profit des compagnies chinoises et brésiliennes, ont affirmé ces responsables chinois. Selon les statistiques chinoises, le volume des échanges commerciaux Chine-Brésil a atteint 9,296 milliards de dollars au cours des neuf premiers mois de l'année 2004, soit un niveau plus élevé que celui de l'année 2003.

ANNEXE 10

« On ne construit pas la paix par l'imposition unilatérale de la force »

Discours du ministre brésilien des Relations Extérieures, Mr Celso Amorim

Washington (ONU), le 11/10/2004

Dans le climat d'optimisme qui marqua le début des années 1990, beaucoup crurent, non sans une certaine naïveté, que la capacité de coopération multilatérale se développerait automatiquement, en particulier au Conseil de sécurité des Nations unies. Avec la disparition des obstacles liés à la guerre froide, les pays pourraient enfin concentrer leurs efforts sur le maintien collectif de la paix et de la sécurité et encourager de manière solidaire le développement. Les années ont passé, nous sommes entrés dans un autre siècle, et la réalité s'est révélée bien plus complexe. La multiplication de nouveaux défis a discrédité l'idée naguère en vogue et assez imprudente de *"fin de l'histoire"*.

Les questions restent les mêmes à la veille du nouveau scrutin présidentiel américain.

Comment construire un avenir de paix et de développement dans un contexte marqué par une tendance à l'*uni polarité* ?

Comment favoriser le multilatéralisme, démocratiser les procédures de décision et aider à l'émergence d'un monde *multipolaire* ?
Pour un pays comme le Brésil, la réponse à ces questions est essentielle.

Voilà quelques années, Madeleine Albright, mon ancienne collègue à l'ONU, qui deviendra secrétaire d'Etat de Bill Clinton, parla, en évoquant son pays, de la *"puissance indispensable"*.

Je me souviens qu'à l'époque certains observateurs critiquèrent cette expression, y voyant un signe de la volonté d'imposer une vision américaine du monde, attitude dont on trouverait sans peine l'origine dans la doctrine de Monroe et la politique du *"gros bâton"*.

D'autres, cependant, n'y virent qu'un reflet du pouvoir politique, économique et militaire des Etats-Unis dans cette période d'après-guerre froide à l'issue de laquelle ils devenaient de fait l'unique superpuissance. L'Amérique latine, et en particulier le Brésil, entretiennent des relations très fortes avec les Etats-Unis, qui remontent aux débuts de nos processus d''indépendance respectifs. Les valeurs de liberté, d'égalité, de représentativité et de souveraineté qui inspirèrent la révolution de 1776 ont fortement influencé l'histoire du continent.

Encore au XVIIIe siècle, un des précurseurs de l'indépendance brésilienne - Joaquim José da Silva Xavier, plus connu sous le nom de Tiradentes - figure de proue de l' *Inconfidencia mineira* (1789), conjuration d''inspiration républicaine, exécuté en 1792 - avait l'habitude de porter sur lui un exemplaire de la Constitution américaine. La proclamation de la République à la fin du siècle suivant, succédant à près de soixante-dix ans de régime monarchique, doit beaucoup aux voies empruntées par les Etats-Unis.

Au long du XXe siècle, le Brésil et les Etats-Unis se sont retrouvés sur bien des fronts et dans bien des initiatives communes, par exemple pour libérer l'Europe du nazisme.

Les valeurs et les idéaux qui présidèrent à la formation de nos pays restent une référence pour les constants progrès de la démocratie, sur les plans national et international. Ils inspirent la quête d'un monde plus juste et plus équilibré par le biais du perfectionnement et de la démocratisation des procédures de décision internationales, notamment dans les instances multilatérales comme le Conseil de sécurité, unique organe doté d'une capacité légale pour autoriser un recours à la force. Ce dernier point soulève la question suivante : étant donné son pouvoir militaire et économique, l'unique superpuissance a-t-elle intérêt à favoriser le multilatéralisme ?

Je le pense.

Car, malgré toutes ses imperfections, ce système demeure le seul capable d'offrir les bases à un dialogue constructif entre diverses visions du monde, débouchant sur une coopération n''excluant personne et bénéfique pour tous.

La défense du multilatéralisme se justifie du point de vue politique autant que pragmatique. Comme des événements récents l'ont montré, l'imposition unilatérale d'une volonté ne contribue pas à la stabilité internationale. Personne n'a à gagner à un monde imprévisible et instable. La possibilité d'exprimer un désaccord ou une divergence de vues ne doit pas être perçue comme une entrave ni une importunité. Au contraire, la manifestation de différences enrichit et renforce toute prise de décision et offre une plus grande légitimité et de meilleures chances de succès aux initiatives adoptées.

La récente guerre en Irak et ses conséquences montrent clairement les limites de toute gestion unilatérale des problèmes, mais aussi la nécessité d'une consultation de la communauté internationale dans toute tentative de résolution des crises qu'elle traverse. C'est dans ce but que l'ONU a été fondée. Et c'est pour cela qu'elle reste irremplaçable. Presque soixante ans après sa création, elle traduit encore la réalité de l'immédiat après-guerre. Les menaces et les défis ont toutefois changé et sont devenus plus complexes. Le manque de représentativité dont souffrait le Conseil de sécurité s'est aggravé du fait des responsabilités croissantes qu'il a dû et devra inévitablement continuer d'assumer.

Ce paradoxe a amené son secrétaire général à prendre l'initiative de redéfinir les mécanismes dont dispose l'Organisation pour assurer la paix et la sécurité, plaçant le Conseil au cœur du débat. La modernisation de l'organe suprême de l'ONU doit non seulement tenir compte de la gravité des menaces auxquelles nous faisons face, mais aussi de la nature de la communauté internationale.

L'émergence de pays en développement jouissant d'une capacité de médiation diplomatique est devenue une réalité que l'on ne peut négliger dans les efforts de réforme visant à donner à l'ONU une plus grande efficacité pour œuvrer pour la paix, la sécurité et le développement. Le gouvernement du président Lula est convaincu que le dialogue et la diplomatie constituent des instruments privilégiés pour tenter de répondre à ces défis. L'unilatéralisme ne fait que renforcer l'isolement, aggrave les inégalités et alimente les frustrations et le fanatisme.

Aussi ne manquons-nous jamais de faire entendre notre voix sur les questions internationales, jugeant pouvoir contribuer à des convergences d'opinions et à la conclusion d'accords véritables.

Je me souviens d'un propos de Bill Richardson à propos d'une résolution sur l'Irak alors qu'il était représentant américain à New York. Il s'agissait de l'accord sur l'inspection des palais présidentiels obtenu non sans mal par Kofi Annan, en mission à Bagdad. Comme toujours, il était question de l'autorisation du recours à la force, à laquelle le Brésil et d'autres pays étaient opposés. Finalement, et pour une bonne part grâce à notre intervention, une formule qui permit d'aboutir à un accord fut trouvée.

Richardson me confia alors : "Vous nous avez donné du fil à retordre, mais je dois reconnaître que, sans le Brésil, nous ne serions pas arrivés à un texte consensuel." Je lui avais répondu que le meilleur ami n'était pas celui qui était toujours d'accord, mais celui qui n'hésitait pas à exprimer son désaccord pour défendre ce qu'il jugeait juste et sage.

Le débat sur le terrorisme a pris une grande place dans l'agenda international, devenant l'un des principaux thèmes de la campagne américaine.

Le Brésil condamne avec la dernière énergie tout acte terroriste, sous toutes ses formes et en tout lieu, et, dans la mesure de ses moyens, a cherché à collaborer avec les Etats-Unis et d'autres pays pour lutter contre ce fléau. Il nous semble toutefois impensable de prétendre le combattre efficacement en couvrant la surface du globe de troupes en armes.

On ne construit pas la paix par l'imposition unilatérale de la force ; l'intimidation est impuissante à établir une sécurité véritable et durable. Les racines du terrorisme sont profondes et se nourrissent le plus souvent de l'exclusion sociale et de la pauvreté.

Vaincre le terrorisme - comme la faim et les inégalités sociales - exige avant tout la solidarité et la coopération. Mais aussi le respect du droit international ainsi que la compréhension des différences culturelles et la défense de la dignité humaine, valeurs qui séparent la civilisation de la barbarie et qui trouvent leurs meilleurs garants dans des institutions comme l'ONU. C'est une telle attitude que l'on attend de chaque pays, par-delà l'orientation politique de ses dirigeants. Si l'on applique aux relations internationales la notion de responsabilités partagées mais différenciées, il n'est pas faux de penser qu'une part significative - mais pas exclusive - de la responsabilité collective pour promouvoir la paix sur des bases solides revient aux Etats-Unis.

La *"puissance indispensable"* ne saurait faire fi du consentement de la communauté internationale. Or l'ONU - surtout une ONU réformée, démocratique et représentative - serait le lieu indiqué pour chercher à obtenir ce consentement.

Washington (ONU), le 11/10/2004

ANNEXE 11

« L'ONU de Lula »

« Dans l'Eglise et dans le monde »

Septembre 2004

Le but déclaré est de réussir à ne pas ralentir le pas dans la marche vers l'objectif fixé, à savoir diminuer de moitié d'ici 2015 le nombre des hommes qui, dans le monde, souffrent ou meurent de faim et de pauvreté : une promesse déjà faite en 2000 au siège de l'ONU avec le *"Millenium Development Goals"* (le texte qui établissait les engagements pour le troisième millénaire) et reprise ensuite dans les accords de Monterrey et de Doha).

Les nations riches doivent donner 0,7% de leur PNB, puis mettre en œuvre d'autres politiques d'aide à l'adresse des pays pauvres, remettre la dette de ces pays, donner accès dans leurs marchés aux produits du Tiers-monde.

Mais en invitant les leaders du monde à New York à la rencontre du 20 septembre, le Brésil, a appelé, avec une ironie amère, à renoncer à l'utopie millénariste et a rappelé que, si l'on continue à avancer au rythme actuel, on n'atteindra pas le but avant en 2147, si on l'atteint... Il faut 50 milliards de dollars par an supplémentaires.

Lula a ainsi chargé une équipe de spécialistes d'étudier de nouvelles formes de soutien financier aux pays pauvres, étude qui a servi de base à la discussion de l' *"Action against hunger and poverty"*.

De nombreux pays sont naturellement alignés sur la position du gouvernement brésilien. Les gouvernements peuvent intervenir mais aussi les groupes privés et la société civile.

Ce qu'il faut bien comprendre, c'est que, comme le disent les textes officiels du gouvernement de Lula, «le Brésil appuie de tout son cœur les efforts déployés pour lutter contre la pauvreté et la faim», et il le fait dans l'optique de remodeler de façon plus juste l'ordre mondial.

Lorsqu'il a présenté à Genève, le 30 janvier, avec Chirac, Lagos et Annan *"Action against hunger and poverty"*, le Brésil de Lula a rappelé à tous que, dans un passé récent, beaucoup de pays latino-américains ont appliqué les politiques économiques qui leur avaient été conseillées d'en haut, qu'ils ont lutté contre la corruption et amélioré leur démocratie. Mais personne ne les a fait profiter des bénéfices de la globalisation et cela «a contribué à engendrer un sentiment de frustration dans une grande partie de la population».

Bref, l'Amérique latine ne peut être mise de côté.

Et si, aujourd'hui, il y a des gens qui font de la "sécurité" la condition fondamentale des relations internationales, le Brésil, lui, «continue à croire que le développement est un aspect essentiel de la sécurité mondiale».

TABLE DES ILLUSTRATIONS

FIGURES

TABLEAUX

GRAPHIQUES

TABLE DES ANNEXES

TABLE DES MATIERES

540140 - septembre 2013
Achevé d'imprimer par

www.ingramcontent.com/pod-product-compliance
Lightning Source LLC
LaVergne TN
LVHW010945051026
849532LV00003B/1139